noblesse du blanc
白の優美
ブティ
Boutis

中山久美子ジェラルツ
Kumiko Nakayama-Geraerts

人生の半分をフランスで過ごし、ブティとの出会いよりすでに 20 年がたちました。より美しいものを作るテクニックを探し、柄を生み出すことを続けて、なんと長い間白い布に取り組んだものか。おそらくブティがそれだけ奥深く、限りない可能性があるからだと思います。単なる白い布を縫いとり、詰め物をして凹凸を表現する。そのような単純な作業が白い木綿をエレガントに、そしてノーブルなオブジェと化す。無制限なロマンティックに近い情熱と想像を超える時間をかけてでき上がったオブジェたち。こうして好き勝手に手を動かせることへの感謝とともに、この本を通じて美しい楽しみを皆さんと分かち合えるのはなんとも幸せなことです。そして出版にあたり、今回は直筆の型紙を使いました。この作品の繊細かつ微妙な線の美しさと手作りのよさを生かしたかったからです。次の世代に、忘れ去られたフランスのテクニックを生かして当時の結婚や誕生のために作られた幸せに込めた思いを、そのままに継承してさらに時間を惜しみなくかけられるノーブルさは、作業の動作までもエレガントにしてくれるに違いないでしょう。

中山久美子ジェラルツ
Kumiko Nakayama-Geraerts

sommaire

page

6   *1.*   Jeté de lit en vermiculé   ヴェルミキュレ手法のベッド掛け

8   *2.*   Courtepointe des quatre saisons   四季のベッド飾り

10   *3.*   Jupe de mariée   花嫁のスカート

12   *4.*   Nappe en soie motif eglantine   野ばら柄のシルクのテーブルクロス

13   *5.*   Petit tapis en broderie de Marseille   マルセイユ刺繍の小さなトレイ敷き

14   *6.*   Protège toast en lin   麻のパン包み

16   *7.*   Bourse motifs carrelages blancs   白いタイル柄の巾着

17   *8.*   Bourse motifs roses d'automne   秋ばら模様の巾着

18   *9.*   Coussin d'alliances   水色のリングピロー

20   *10.*   Coussin méché en couleur anis   若草色のクッション

22   *11.*   Etui à lunettes de soleil en soie   シルクのサングラスケース

23	*12.*	Clochette de trésor	クロシェット型の小物入れ
24	*13.*	Coussin de printemps	春のクッション
26	*14.*	Manchettes et col en soie	シルクの替え衿とカフス
28	*15.*	Étuis à éventail	桜と羽根柄の扇子入れ
29	*16.*	Sac pour grande occasion	シックなセカンドバッグ
30	*17.*	Petit sac de couleur lavande	ラベンダー色の小さなバッグ
31	*18.*	Pochette ronde aux fleures	花飾りの丸いポーチ
32	*19.*	Coussin fleurs Médicis	盛り花のクッション
34	*20.*	Parure pour bébé	赤ちゃんのスタイとボンネット
36	*21.*	Abat-jour motifs plumes	羽根柄のランプシェード

38	Histoire du boutis	ブティの話
38	Motifs et expressions de boutis	ブティの柄とテクニックについて
42	Ma création et mes activités	クリエーションと活動
44	Outils et matériel nécessaires	ブティに必要な用具と材料
45	Petie pochette motif bouquet	小さな花束柄の小物入れ
48	Leçon de boutis	ブティのレッスン

57	ブティを作るにあたって
96	トンネル図案

1. Jeté de lit en vermiculé   ヴェルミキュレ手法のベッド掛け   *voir page* 58

7

2. Courtepointe des quatre saisons　四季のベッド飾り　　　*voir page* 60

3 Jupe de mariée 花嫁のスカート

voir page 62

4. Nappe en soie motif eglantine 野ばら柄のシルクのテーブルクロス *voir page* 64

5. Petit tapis en broderie de Marseille　マルセイユ刺繍の小さなトレイ敷き　voir page 65

6. Protège toast en lin　麻のパン包み　　　　　voir page 66

16

7.
Bourse motifs carrelages blancs
白いタイル柄の巾着
voir page 68

8.
Bourse motifs roses d'automne
秋ばら模様の巾着

voir page 70

9. Coussin d'alliances　水色のリングピロー　　voir page 72

10. Coussin méché en couleur anis   若草色のクッション

voir page 73

11.
Etui à lunettes de soleil en soie
シルクのサングラスケース

voir page 75

12.
Clochette de trésor
クロシェット型の小物入れ

voir page 76

13. Coussin de printemps　春のクッション

voir page 78

14. Manchettes et col en soie　シルクの替え衿とカフス　　　　*voir page* 80

15. Étuis à éventail 桜と羽根柄の扇子入れ

voir page 82

16. Sac pour grande occasion シックなセカンドバッグ *voir page* 85

17. Petit sac de couleur lavande ラベンダー色の小さなバッグ

voir page 87

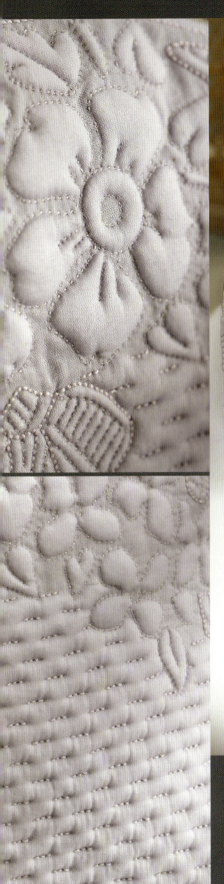

18. Pochette ronde aux fleures　花飾りの丸いポーチ

voir page 89

19. Coussin fleurs Médicis　盛り花のクッション

voir page 92

20. Parure pour bébé　赤ちゃんのスタイとボンネット

voir page 94

21. Abat-jour motifs plumes 羽根柄のランプシェード

voir page 95

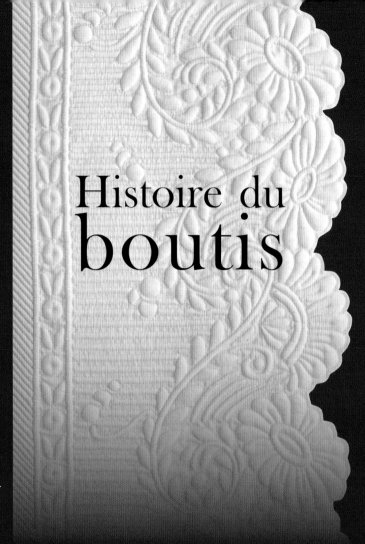

Histoire du boutis

ブティで現在保存されている古いものは中世のもの。17〜19世紀の間に南仏のマルセイユを中心に盛んに製作されました。港から輸入された木綿を加工するために多くのアトリエが造られ、その多くは結婚のための準備や誕生のためのお祝いに作られた贅沢品でした。古い時代にはピキュール・ド・マルセイユ（マルセイユ刺繍）といわれるビスチエや産着、ヴェルミキュレと呼ばれる線で表現された繊細な掛け物。そして少しずつ柄も華やかに大きく考案され、18世紀後半から19世紀には大きな花柄やスカラップ柄を使ったベッド掛け、ペタソンと呼ばれる赤ちゃんのおくるみ、ジュポン・ド・マリアージ（結婚のペチコート）などの華やかなデザインに変化していきます。19世紀末から20世紀に入り、ミシンの普及や生活様式の変化にブティは100年にわたり忘れ去られていましたが、20年くらい前から楽しむ手芸としてフランスを中心に日本へも広がりつつあります。

ブティのほとんどは無地の布を使用し、縫ってコードを詰めることによってできる凹凸の光と影で図柄を表現します。そのため図柄とテクニックはとても深いつながりを持ち相互に効果を表わします。
メイン柄は主題となる柄で中心や重要となるメインの場所に配置されます。
ベース柄、地模様は広い面積を埋めるためにボーダー柄などを配置した残りの背景を埋めるため、または面積の大きいオブジェの柄に使います。
ブティは詰め物をすると寸法が縮みます。柄によっては縦、横の比率がかなり違ってきます。全体のバランスがゆがまないよう、うまくベース柄を分割し配置することも重要です。ベース柄はメイン柄を引き立たせるために方向や細かさ、表現できる質感等を考慮して、図柄を決める段階の最後に全体の調和でセレクトします。
ここでは作品の柄やテクニックを紹介いたします。

Motifs et expressions de boutis
ブティの柄とテクニックについて

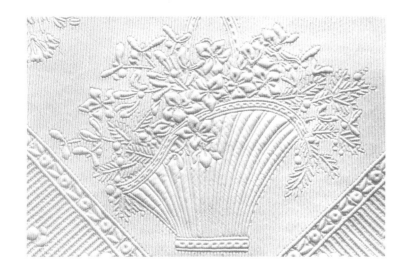

メイン柄

テーマとなる中心的な柄です。花束や盛りかごなど作品のテーマとなる柄で、大きさにより中心になったり複数で角柄にもなります。小物はデザインで生きる場所に配置します。

ベース柄、地模様

トンネル（線柄）
voir page 8, 10, 22, 30

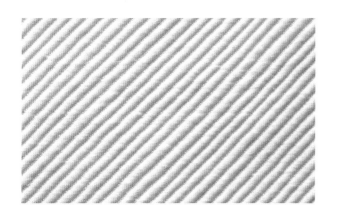

ストライプが並んだ柄で、細い線でできた畝からスパゲティとも呼ばれており、多くは斜めに配置します。間隔は基本は4mm、少し細くて3mm、少し太くて5mmが目安です。もちろんそれ以下それ以上も可能です。幅はメイン柄の細かさと柄の比較で決めます。柄の分割トンネルは柄に対して縦横の伸縮率がかなり違いますので、全体に斜めに柄を配置しますと形がゆがんで四角の作品が菱形になってしまいます。そこでバランスをとるために作品によっては2.四季のベッド飾りのように4分割したり、17.ラベンダー色の小さなバッグのように左右対称に2分割するなどの工夫が必要です。柄を引き立てるために縦使い、2.四季のベッド飾りのボーダー柄のように1本おきに詰めることも可能です。

ロザンジュ（菱形）・かご柄
voir page 8, 10, 16, 20

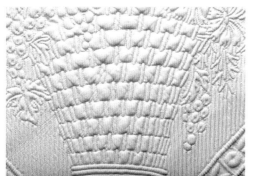

菱形に施す柄。かごの編み模様やタイルの模様もこのタイプの柄。

大きさと柄ゆきはメイン柄で決まりますが、ロザンジュ（菱形）は角度で印象が変わります。10.若草色のクッションのように幾度か洗うことによって中の詰め物が丸くなり、また違った趣になります。

ポワン・ド・ヴォーベ
（南仏のヴォーベという場所で作られたテクニック）
voir page 8, 28, 31, 46

ポワン・ド・ヴォーベの応用

リボン状のラインに縫いとめた柄を作ることができます。

図柄は5mmと5mmの組合せ、5mmと4mmの組合せの格子を一つおきに縫いとめます。布を縫いとったところがくぼみ、織物の綿ピケのような表情を持ちます。全体的に張りのある質感と縫いとめた影により、遠目に見るとやや暗めに見えるのが特徴です。重要なポイントは詰め糸の分量を調整し、固くなりすぎないこと。詰めすぎるとかなり縮むため、ほかの柄との差でゆがみが生じます。

ポワン・アプロッシェ（地縫い）
voir page 13, 20

できるだけ細かく詰め糸が入らない部分を刺すことにより、たるんだ布を落ち着かせ、縫い目に影ができるので少し暗めの表情を出すことができます。この作業はコードを詰める作業が済んでから行ないますが、仕上げに洗った後でも膨らんだゆがみを直したりでき、完成度が上がって柄がさらに目立つようになります。

ボーダー柄・額縁柄
voir page 6, 8, 10, 13, 20, 24, 29

ボーダー柄は3.花嫁のスカートのように比較的大きな作品の大切な脇役になる裾模様。額縁柄は花や葉などのリピート柄やパールなどの連続柄、そしてスカラップなども含まれ、しっかり完成度の高い作品にするにはとても重要な役割を果たします。柄の切替えや縁とりに使われ、メイン柄の個性と作品の大きさに合わせてデザインします。

ヴェルミキュレ
voir page 6, 14, 26, 29

そばとも虫食い柄とも言われるヴェルミキュレは線のみで柄が表現されています。17世紀末から18世紀とブティの中でも古い時代に作られたものに多く見られます。柄の花弁などはボリュームがないので、この手法を使うと地味ですが手の込んだ贅沢な作品になります。メインになる花唐草柄をバック・ステッチで、残りのベースは青海波（フランスではうろこと呼ぶ）の模様で埋め尽くします。このベース柄を熟練者はフリーハンドで縫うことも多いのです。この手法を使用する場合にはボーダーの額縁回りの始末などすべてに柄の統一性を考える必要があります。

色の布と色の糸

voir page 17, 18, 20, 24, 28, 32

細い織り糸が均一にそろっているため透け感が美しい薄手の上質なコットンバチストを利用し、透けた色を楽しみます。その昔ブルーの詰め糸を使ったように柄がはっきり浮き出るのが特徴です。またブティの裏布に色布を使って柄に白い糸を詰め、詰めない部分の布の透けをデザインとして取り入れる手法もあります。どちらも異なるテクニックですが、共通点は色のバランス。詰めるところと詰めないところを明確にデザイン画の段階で描きます。真っ白い、ボリュームのあるブティの柄には色糸や裏布の色布づかいは効果が出ないことが多いので、透け感のある柄を選ぶことが大切です。

刺繡飾り・カマラグ刺繡

voir page 13, 18, 34, 36

カマラグ刺繡は南仏地方の馬車の車輪から名前がついたカットワークです。円に糸をかけた繊細さが出る手法の一つです。そのほかの刺繡のテクニックも小物には効果的です。アウトライン・ステッチは細い花の茎やイニシャルの縁とりに。フレンチノット・ステッチやサテン・ステッチで小さな玉が表現できます。ブティで半径5,6mm以下の丸い玉は表現がしにくいため刺繡で表現します。

回りの始末

三つ折り・スカラップ仕上げ
voir page 6, 9, 13, 14, 17, 22, 34

作品の柄のイメージに合う回りの始末を選ぶのも重要なデザインの一つです。三つ折りでまつってまっすぐにするか、華やかなスカラップ仕上げをボタンホール・ステッチやカットワークで仕上げるか。ブティはそれだけでデリケートかつ清楚なものです。回りにレースやブレード飾りをつけたりする場合には注意が必要です。極力控えめにしたほうがブティの柄を際立たせます。

Ma création
et mes activités

Boutis

フランスでは「私は永久に美しいものを作るために久美子という名をつけられたの」と名前に込められた意味を説明しています。私の仕事はオートクチュールのメゾンでのデザイナーから始まりました。それは幼いころから心に決めていたこと。この上なく上質な素材と技術に包まれた幸せな職を持つことができました。そしてフランスに渡り服飾デザイナーをはじめ、家業の室内装飾にかかわるデザインをして生活美を求め、食器、アクセサリーそしてテキスタイル、布のプリントのデザインを手がけました。布の柄の原本を手書きで描けることは、なんとも喜ばしい仕事で、その中でもフランス好み、トワル・ド・ジュイ趣味の布の企画やデザインはとても充実したもの。パリのアトリエで新しい感覚のブティのデザイン・製作をし、ブティの講師としてフランス、日本をはじめニューヨーク、南米などで活動しています。

43

1 / 18年にわたる作品を紹介したパリでの個展　2 / トワル・ド・ジュイ美術館での『Toile de jouy et indienne』出版記念展示　3 / フランス各地、日本、ニューヨーク、ブラジルなどでの展示の様子。写真はフランス・ナントのアムールドフィルにて　4 / フランス、日本、ニューヨーク、台湾などでのプティの講習会の模様。写真はブラジルにて　5 / テキスタイルのための手書きの図案　6 / テキスタイルプリントのための手書きの図案を製作

2		1		
3		4	5	6

Boutis
Outils et matériel nécessaires

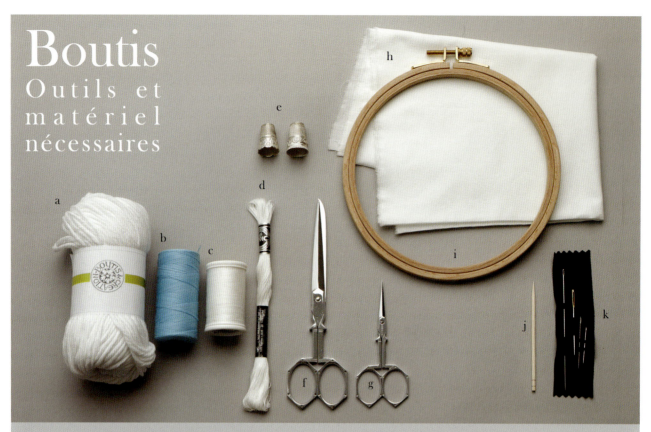

ブティに必要な用具と材料

a	コーディング糸	綿または綿の混紡糸。ここでは綿60%、ポリエステル40%を使用
b	しつけ糸	色糸を使用すると縫い糸と区別がつきやすい
c	キルト糸	綿100%のキルト糸を使用
d	刺繍糸	DMCアブローダー刺繍糸の25番または30番を使用
e	シンブル	左右の指にはめるため2個用意する
f	布切りはさみ	布を裁断するときに使用
g	糸切りはさみ	詰め糸やキルト糸、刺繍糸を切るときに使用
h	布	コットンバチストを主に使用。色物の場合には綿ローン、デザインによってはシルクを使う場合もある
i	刺繍枠	図案を縫うときには直径15cm以下のサイズが使いやすい。大きな作品を詰めるときにはキルト枠を使用する
j	つまようじ	詰めた糸を押し込むために使用する
k	針	左から、糸を詰めるためのコーディング用針、クロスステッチ針（短いところを詰めるときに）、縫うのは糸に合わせてキルト針、刺繍針を使用

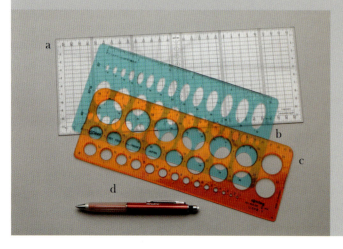

図案を写すときの用具

a	方眼定規	格子の線があり、なるべく薄くて幅広いほうが直角などをとりやすい
b	楕円定規	柄を写すときにあると便利
c	円定規	柄を写すときにあると便利
d	シャープペンシル	布書き専用のものを使用。黒い生地やシルクには黄色を使う

・図案を写す紙は製図用のハトロン紙が便利。ほかにもトレーシングペーパーなど透けるものを使用するとよい
・図案を写す際にメンディングテープでとめると動かないので便利

Petie pochette motif bouquet
小さな花束柄の小物入れ

この小物入れはブティに必要な基礎が含まれています。
まずはプロセスにそって作ってみましょう。
Aは本体のベース部分が3mmのトンネル線、
Bは4mmと5mmのトンネル線を組み合わせた
ポアン・ド・ヴォーベになっています。

出来上り　13×9.5cm／実物大図案型紙A面

A

B

材料（A, B共通）
コットンバチスト（表布、裏布）＝白38×25cmを2枚
DMCアブローダー刺繍糸＝白25番を適宜
キルト糸＝白を適宜
コーディング糸＝白約18g

作り方

1　型紙の準備。
　　本体の図案型紙とベースの3mmまたは4mmと5mmのトンネル線を用意する

2　アイロンをかけ布目を整える

3　図案を1枚の布の表面に写す。（→p.48）
　　ベースの案内線に合わせて好みのトンネル線を引く。Bのポワン・ド・ヴォーベの場合はトンネル線を写し、さらに直角にもう一度写して小さな格子を描く。（→p.48）
　　5×5mmもしくは4×5mmが可能。このとき5mmの線が縫われる

4　3の下にもう1枚の布を当てて5、6cm間隔のしつけをかける（→p.49）

5　刺繍枠を使用し、柄を中心から縫うが、トンネル線のところは回りが縫われていないと端が縫いにくいので、トンネルの縫止り回りは先に縫う。ふたの部分、回りの始末は刺繍糸でボタンホール・ステッチをする（→p.49,50）。

6　すべて縫い終わったら、裏からコーディング糸を詰める。このときも刺繍枠をはめて作業をする（→p.51-53）。
　　ポワン・ド・ヴォーベは3回にわたって糸を通す（→p.54,55）

7　Aはふた部分のベースにポワン・アプロッシェ（→p.40）をする

8　なるべく平らな状態で洗い、下絵を消して湿っているうちによくのばし乾かす

9　回りのボタンホール・ステッチの余分な布を切り取る。
　　直線の部分は8mmほど縫い代を残して切りそろえる。角は少し切り落とす

10　回りは三つ折りでまつる。
　　内側の裏布の縫い代を4、5mmに控えて切りながら表布の縫い代でくるみながら細かくまつる

11　まつった本体部分を二つに折りたたみ、両端をコの字まつり（渡しまつり）でまつる。スカラップの部分はふたになる

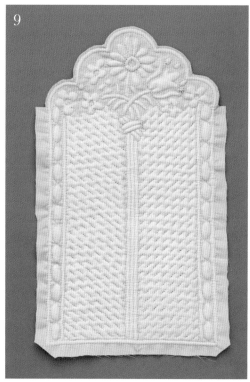

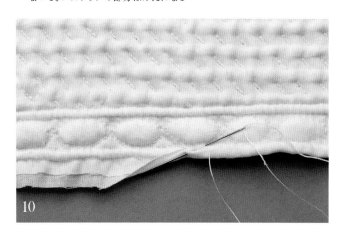

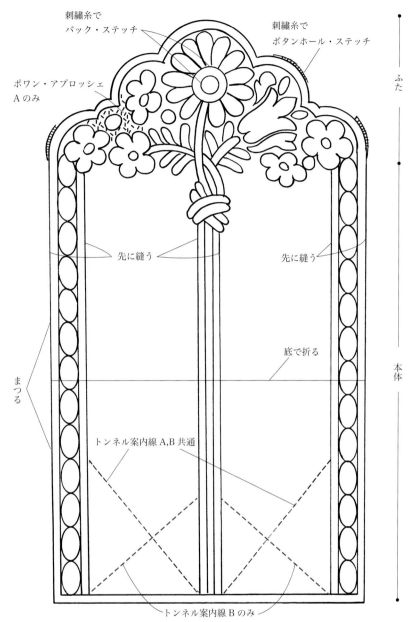

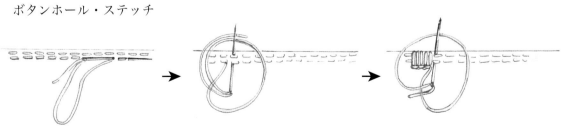

ボタンホール・ステッチ

地縫いのランニング・ステッチをする → 左から右に向かって針を垂直に刺し、糸をかける → すぐ隣に針を刺し、その作業を繰り返す

Leçon de boutis
ブティのレッスン

＊本書ではわかりやすいように色糸を使用しています。

étape 1 図案を写す

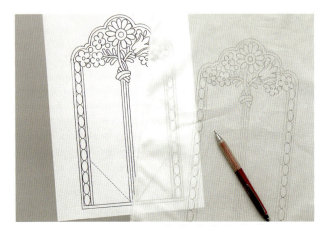

a 図案を紙に写す。その上に表布の表面を上にして重ね、四隅を動かないようにメンディングテープかピンでとめ、布書き用のシャープペンシルで写す。細い線でなめらかなカーブで描く。修正する場合は消しゴムを使うと布がゆがむので消さずに、描き直すだけにする。

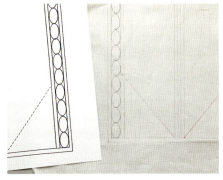

b ベースを埋めるトンネルの基本となる案内線は赤でしるしておく。

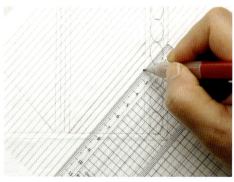

c 案内線を4mmのトンネル線に合わせ、定規で残りのスペースを写していく。トンネル線は3mm、4mm、5mmがあるので柄や好みによって使い分ける。

d 図案が写し終わったところ。

--- ポワン・ド・ヴォーベの場合 ---

point de Vauvert

a 5mmのトンネル線を先ほど写した線に下から直角に当てて、定規で線を写す。

b 斜め格子状に線を写したところ。

étape 2 しつけをかける

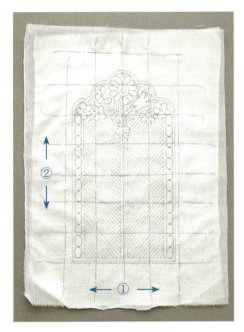

表布の下に裏布を外表に合わせて、5cm間隔を目安にます目状にしつけ糸でしつけをかける。中心の縦横を先にかけ、そこから上下左右の順番にかけていく。

étape 3 図案を縫う

しつけが終わったら、刺繍枠をはめる。大きな作品の場合は柄の中心からスタートして、刺繍枠をずらしていく。

刺し始め

a 糸玉を作り、縫い始める位置と少し離れたところから表布のみをすくって針を入れ、縫い始めるところに針を出す。

b 糸を引いて糸玉を表布と裏布の2枚の間にくぐらせる。糸玉は柄の詰め糸が入る側に引き込む。

柄が続いている場合

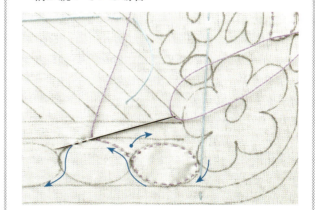

柄と柄が接している場合には矢印のように続けて縫っていく。

〈ランニング・ステッチ〉
（キルト糸を使用）

1cmの間に7〜8目くらいの針目が出るように、細かく柄にそって2枚を縫い合わせていく。角や柄のとがっているところは1針バック・ステッチをするとコーディング糸を詰めたときに柄がくっきりと表現できる。

刺し終り

a 縫い終わったら根もとで糸玉を作り、表布のみをすくって針を入れて少し離れた位置に針を出す。

b 糸を引いて糸玉を表布と裏布の2枚の間に引き込んで糸を切る。このように柄が離れている場合には必ず糸を切って次に進む。

Leçon de boutis ブティのレッスン

〈バック・ステッチ〉 (DMCアブローダー刺繍糸25番を1本どりで使用)

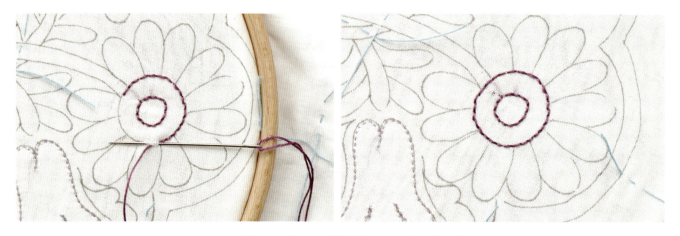

1cmの間に5〜6目くらいの針目が出るように、細かく縫う。刺し始めと終りはランニング・ステッチと同じ。

すべての柄が縫い終わったところ。斜線部分のトンネルの地縫いはキルト糸でランニング・ステッチ、上の縁回りはDMCアブローダー刺繍糸25番でボタンホール・ステッチ (p.47参照) をする。

étape 4 コーディングをする

表布と裏布の間に糸を詰めることをコーディングという。
裏布側を上にして刺繍枠をはめ直し、裏から糸を詰めていく。
大きな作品の場合にはキルト枠を使用するとよい。

詰め糸を用意する

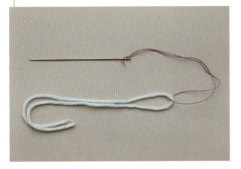

コーディング用の針にキルト糸を通し、輪にして針の根もとで結ぶ。案内糸（キルト糸）は針の長さの約2倍にする。その輪にコーディング用の糸を通し、2本どりにする。

直線の詰め方

a　表布をすくわないように裏布だけをすくい、縫い目の際から際まで針を通す。

b　案内糸を引いてコーディング用糸を通す。

c　糸の端は少しだけ残して止める。

d　終りは少しだけ残して糸を切る。

e　通したところを指でしごいて整える。出ている糸端はつまようじで布の中に押し込み、あいた穴の繊維を戻す。

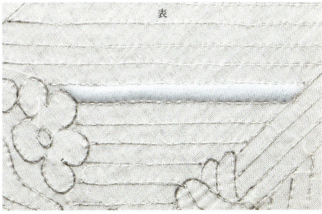

f　糸がきれいに通ったところ。このようにベースの直線が並んだところをトンネルと呼ぶ。

Leçon de boutis

ブティのレッスン

直線が長い場合
直線が長く、針が一度で通らない場合には何回かに分けて通していく。

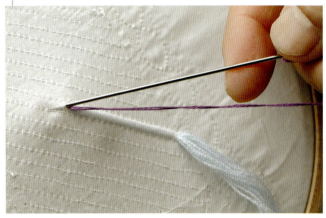

a 針の長さより少し短くすくってコーディング用糸を引き、案内糸だけを表に出す。針を抜いた同じ穴にもう一度通す。

b 同じように糸を引いて通す。糸を切る前に詰め糸をしっかりとしごいておく。

カーブの詰め方

a 直線で針を通せる長さだけ裏布をすくう。

b コーディング用糸を引き、案内糸だけを表に出す。針を抜いた同じ穴にもう一度通し、同じように直線で針を通せる長さだけすくう。

c 同じ作業を繰り返し、最後は最初に通した穴より少し先に針を出す。

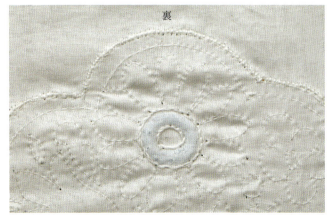

d カーブに詰まったところ。カーブの場合はコーディング用糸を引くときに布が縮むので、通したあと指でしごいて整えてから糸を切るとよい。

楕円、花、葉の詰め方

大きさによって詰める回数は違うので、ふくらみを見ながら調整する。
詰めすぎると形がゆがむので不足しない程度に入れて、最終的に加えるとよい。

a 柄の中心に裏布だけをすくい、コーディング用糸を通して糸を切る。

b 中心に通した糸の左右に同じように通す。ここでは3回通している。

c 詰め終わったところ。

Leçon de boutis ブティのレッスン

point de Vauvert
ポワン・ド・ヴォーベの詰め方

ポワン・ド・ヴォーベは菱形に詰めていく方法で、
2回または3回方向を変えて通す。
かなりふくらみが出るので、
通す糸はほぐして通常の半分の量に減らす。

a 斜め格子に写した図案の5mmの幅のほうに1ますおきに3目のバック・ステッチをする。1ますとばして縫うときは、次のますに進むときに縫い糸を2枚の布の間にくぐらせる。

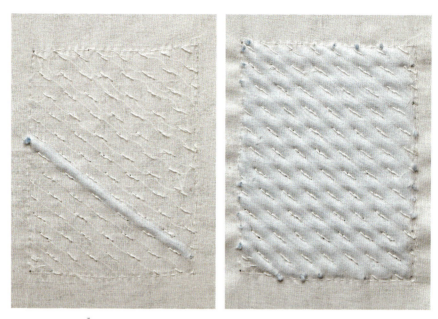

b 裏に返してコーディング用糸を縫い目にそって平行に通す。

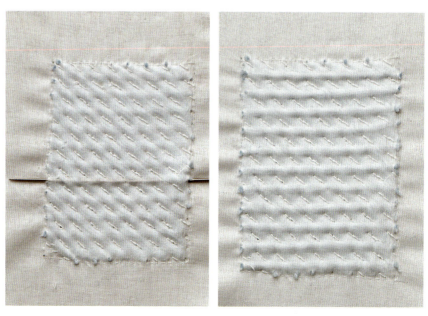

c 縫い目の合い間を縫うように針を水平に通してコーディング用糸を詰める。

d 同じように縫い目の合い間を縫うように針を少し斜めに通してコーディング用糸を詰める。

e 詰め終わったところ。このようにコットンピケのような質感の表現ができる。

rosettes de petite Camargue

カマラグ刺繍（DMCアブローダー刺繍糸25番を使用）

南仏カマラグ地方の馬車の車輪をかたどっているのでこう呼ばれている。
花心などブティのデザインポイントに用いる。
大きさやデザインによって糸をかける本数やかけ方もいくつかあるが、ここでは基本的なものを紹介する。

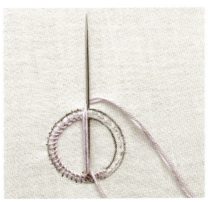

a 糸玉を作らずに、円の中心に地縫いになるランニング・ステッチをする。

b 円の内側にボタンホール・ステッチ（p.47参照）をする。

c 次に円の外側にボタンホール・ステッチをする。

Leçon de boutis ブティのレッスン

rosettes de petite Camargue
カマラグ刺繡続き

d ボタンホール・ステッチができたら円の中心にはさみを入れて内側のステッチの際で布をカットする。表に6等分の印をつける。

e 糸玉を作らずに裏で1、2針縫い、印をつけた位置のボタンホール・ステッチの端に針を出す。

f 次の印に表から針を刺し、針を輪の中に出す。

g 輪に糸を2回からげる。

h 同じように次の印に針を刺して輪に糸をからげ、これを繰り返していく。輪は同じ大きさになるように注意する。

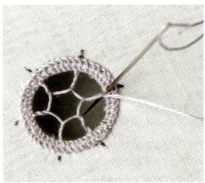

i 1周したら針を裏に出す。

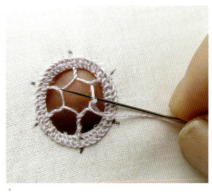

j 中心の糸が渡っているところに糸をからげていく。

k 1周からげ終わったらスタートの位置に針を戻す。

l 裏に針を出して糸の始末をする。表にひびかないように針をくぐらせて糸を切る。

m カマラグ刺繡の出来上り。

ブティを作るにあたって
Boutis

* 型紙を写すときにはハトロン紙かトレーシングペーパーを使用します。トレーシングペーパーで写すと、反転して裏側も写すことができるので便利です。

—◦—≪≫—◦—

* 実物大図案型紙は1/4や1/8のものがあり、回転したり、反転したりして写すようになっています。その際に、つなぎ目のところの図案が重なる場合には先に写したほうを優先して、つながりよく写してください。

—◦—≪≫—◦—

* 実物大図案型紙のグレーに塗られている部分はコーディングをする箇所です。

—◦—≪≫—◦—

* 布地は初めにアイロンをかけて布目を整えます。スチームアイロンは使用しません。

—◦—≪≫—◦—

* 実物大型紙には縫い代は含まれていません。ブティをする箇所は、回りに少なくとも4〜5cmの余白をつけて粗裁ちします。

—◦—≪≫—◦—

* シルクなど洗えないものは下絵を写すときに、目立たない黄色や白の布用チョークペンシルや熱で消えるペンなどを使用しましょう。

—◦—≪≫—◦—

* DMCアブローダー刺繍糸、キルト糸、麻糸でのステッチはすべて1本どりです。

—◦—≪≫—◦—

* 詰めの作業が終わったら、水洗いして下絵を消します。なるべく平らなところでブラシなどを使って洗い、形を整えてきちんと伸ばしてから陰干しをして乾かします。

—◦—≪≫—◦—

* ブティは実物大図案型紙のサイズと出来上りのサイズが異なります。縫ってコードを詰めた仕上りは個人差がありますが、だいたい1〜2割縮みます。バッグなどの底をつけるときには必ずでき上がったサイズをはかり直して、底の大きさを調整してください。

1. Jeté de lit en vermiculé　ヴェルミキュレ手法のベッド掛け

voir page 6

出来上り寸法　115×115cm／実物大図案 型紙A面

材料

コットンバチスト（表布、裏布）＝白140×140cmを2枚
DMCアブローダー刺繍糸＝白25番を適宜
キルト糸＝白を適宜
コーディング糸＝白約500g

作り方

1. 型紙の準備。
   2分の1のメイン柄を写し、ボーダー柄は4分の1の型紙を作る。ボーダーの型紙は8分の1になっているのでハトロン紙に写し、その裏を写すことにより柄は反転して4分の1の柄ができる
2. アイロンをかけ布目を整える
3. 図案を表布（表）に写す。
   布の中心に十字の線、四つ角からの斜め線も案内線として書く。この線に合わせて柄を写す。メイン柄は布に書いた中心線に合わせて写し、反対側は回転して写す。ボーダー柄はメイン柄の回りに斜めの案内線に合わせてハトロン紙の表、裏と4回写す。ボーダーの中は4mmのトンネル線を使って直接布に写す
4. 表布の下に裏布を当てて5、6cm間隔でしつけをかける
5. 刺繍枠を使用し、柄を中心から縫う。型紙で太い線の花唐草は刺繍糸でバック・ステッチ。そのあと回りのベースにヴェルミキュレをキルト糸で細かいランニング・ステッチで縫い（→p.40）、4mmのトンネル線はキルト糸でランニング・ステッチ
6. 回りの始末は刺繍糸でボタンホール・ステッチ
7. すべて縫い終わったら裏からコーディング糸を詰める。作品が大きいので大きめのキルト枠を使うと作業がしやすい
8. なるべく平らな状態で洗い、下絵を消して湿っているうちによく伸ばして乾かす
9. 回りのボタンホール・ステッチの余分な布を切り取る

4mmのトンネル

ベースにヴェルミキュレ

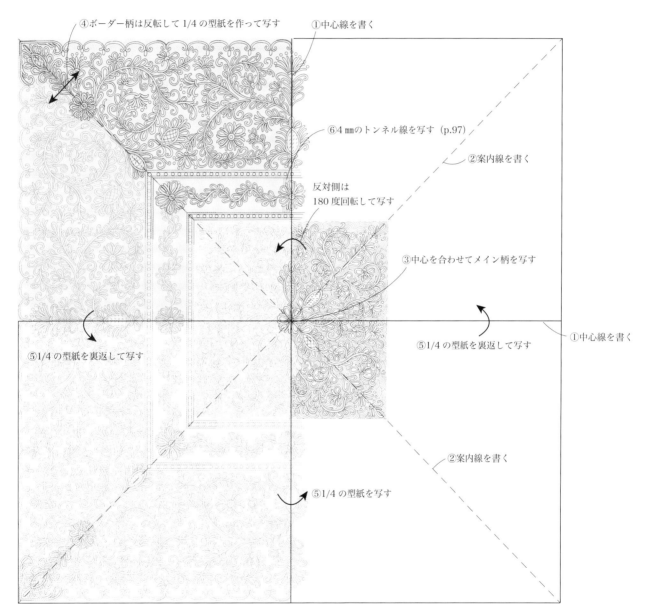

2. Courtepointe des quatre saisons　四季のベッド飾り

voir page 8

出来上り寸法　138×138cm／実物大図案 型紙B、C面

材料

コットンバチスト（表布、裏布）＝白150×150cmを2枚
DMCアブローダー刺繍糸＝白25番を適宜
キルト糸＝白を適宜
コーディング糸＝白約600g

作り方

1. 型紙の準備。
   センター柄、コーナー柄4枚を写し、ボーダー柄は4分の1の型紙を作る。ボーダーの型紙は8分の1になっているのでハトロン紙に写し、その裏を写すことにより柄は反転して4分の1の柄ができる

2. アイロンをかけ布目を整える

3. 図案を表布（表）に写す。
   布の中心に十字の線、四つ角からの斜め線も案内線として書く。この線に合わせて柄を写す。センター柄は布に書いた中心線に合わせて写す。コーナー柄は柄のリボンの続きを合わせる。ボーダー柄はメイン柄の回りに斜めの案内線に合わせてハトロン紙の表、裏と4回写す。コーナー柄のすきまは4mmのトンネル線を、ボーダー柄は5＋3mmのトンネル線を利用して直接布に写す

4. 表布の下に裏布を当てて5、6cm間隔でしつけをかける

5. 刺繍枠を使用し、柄を中心から縫う。柄はキルト糸でランニング・ステッチ。かごの一部はポワン・ド・ヴォーベで縫う

6. 回りの始末は刺繍糸でボタンホール・ステッチ

7. すべて縫い終わったら裏からコーディング糸を詰める。作品が大きいので大きめのキルト枠を使うと作業がしやすい。ボーダー柄のトンネル線5＋3mmは5mmのみ詰める

8. なるべく平らな状態で洗い、下絵を消して湿っているうちによく伸ばして乾かす

9. 回りのボタンホール・ステッチの余分な布を切り取る

コーナー柄

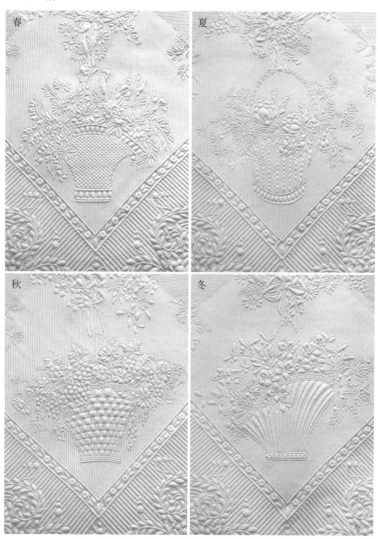

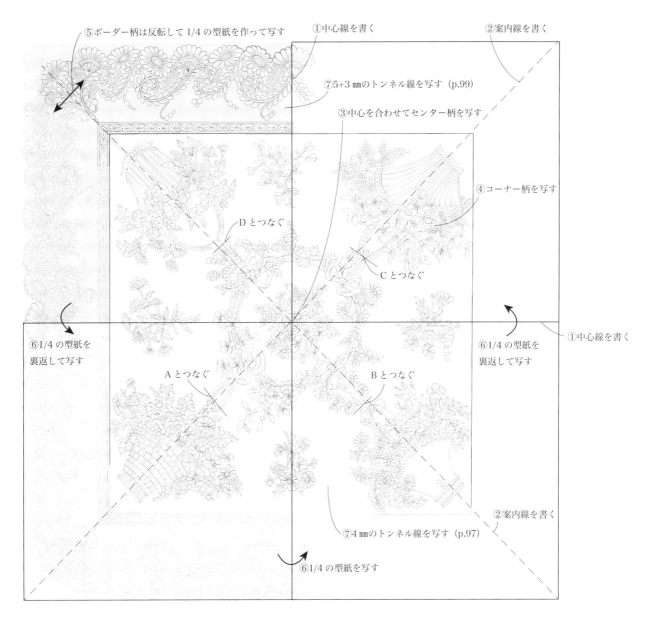

3. Jupe de mariée　花嫁のスカート

voir page 10

出来上り寸法　スカート丈82cm／実物大図案 型紙D面

材料

薄手シルクシャンタン（表布）＝生成り140cm幅210cm
綿ローン（裏布）＝生成り140cm幅200cm
DMCアブローダー刺繍糸＝エクリュ25番を適宜
キルト糸＝エクリュを適宜
コーディング糸＝白約700g
リボン＝生成り0.8cm幅約150cm

＊シルクは水洗いをすると光沢を失うことがあるので、なるべく下絵は水洗いせずに済むよう、熱で消えるペンや布用チョークペンシルの黄色や白など工夫をしましょう

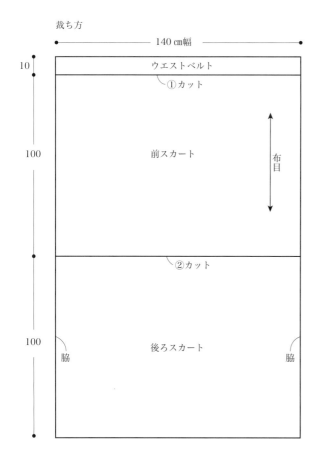

裁ち方

作り方

1. 型紙の準備。
   センター柄、5分の1ボーダー柄、4mm、5mmトンネル線の型紙を用意する
2. アイロンをかけ布目を整える
3. 布を粗断ちする。
   シルクシャンタンは、ベルト幅分10cmの布を残して残りを100cmの長さ、2枚のスカート布にする
4. スカート布の脇の一方をミシンまたは細かく手縫いで縫い合わせる。縫い代は1cmに切り、アイロンで縫い代を割る
5. 図案をスカート（表）に写す。
   型紙は52cmで5回リピートして写すが、前スカートの中心にセンター柄の中心がくるように計算が必要（p.63図を参照）。前中心に垂直の線と水平の裾線を引く。裾は4〜5cmの縫い代を残す。裾線から平行に23cmのボーダーの案内線を引く。センター柄の配置を52cmごとに線を書き、型紙を写す。配置すると両脇の唐草が重なるのでその部分は片方のみを写す。下にボーダー柄を5回写す。センター柄の背景は4mmのトンネル線、ボーダー柄の背景は5mmのトンネル線を写す
6. 同サイズに綿ローンを準備し、外表に表スカートの下に当て、5、6cm間隔でしつけをかける
7. 刺繍枠を使用し、柄を中心から縫う。柄はキルト糸でランニング・ステッチ。小さな丸い点は刺繍糸でサテン・ステッチ
8. すべて縫い終わったら裏からコーディング糸を詰める。作品が大きいので大きめのキルト枠を使う
9. もう一方の脇を縫う。
   前後の柄を合わせてコの字まつりで細かくまつり、縫い代を1cmに始末する。裏の縫い代は1枚を1.5cm、残りの縫い代を0.8cmに切りそろえて広いほうの縫い代でくるんでまつる
10. 裾をまつる。
    縫い代を3.5cm程度に切りそろえ、三つ折りでボーダー柄のパール柄の下の畝にまつる
11. ウエストの始末。
    丈を確認し、タックをたたみひも通し穴のついた共布ベルトをつける
12. ベルトにリボンを通す

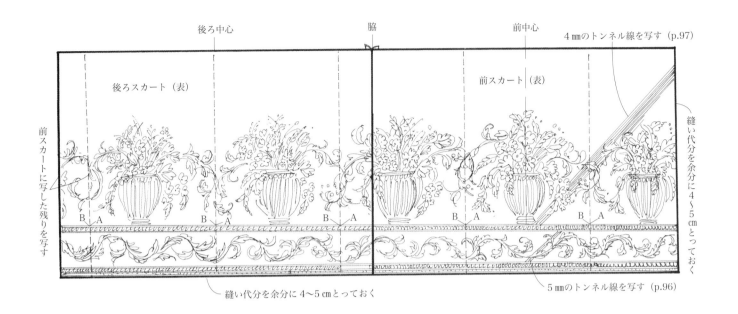

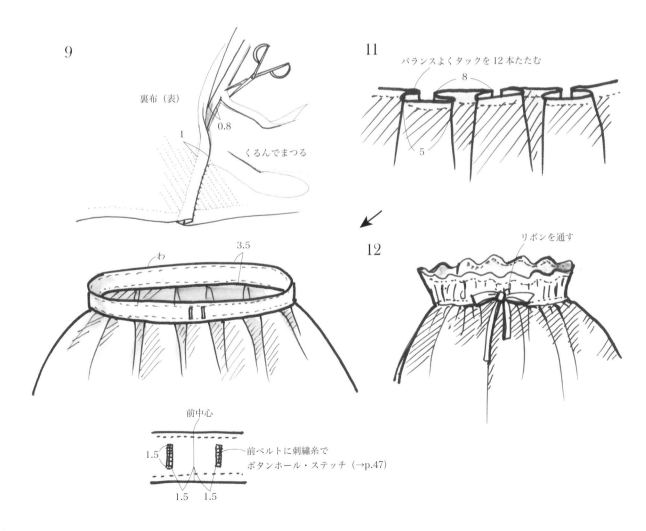

4. Nappe en soie motif eglantine 野ばら柄のシルクのテーブルクロス

voir page 12

出来上り寸法　145×145cm／実物大図案　型紙C面

材料

シルクサテンオーガンディ（表布）＝150×150cmを1枚
薄手コットンバチスト（裏布）＝147×147cmを1枚
DMCアブローダー刺繍糸＝白25番を適宜
キルト糸＝白を適宜
コーディング糸＝白約18g

作り方

1. 型紙の準備
2. アイロンをかけ布目を整える
3. 図案をシルクオーガンディ（表）に写す。
   中心に配置して透かしながら正確に写す。シルクは熱で消えるペンや布用チョークペンシルの黄色や白など使用する
4. 表布の下に裏布を当て、柄のある部分を5、6cm間隔でしつけをかける
5. 刺繍枠を使用し、柄をキルト糸でランニング・ステッチで縫う。花心は刺繍糸でバック・ステッチ
6. 回りは薄く表裏とも別々にピコミシン仕上げ。ない場合は細い三つ折りをしてステッチをかける。裏布は3cmほど控えた大きさになる。角は額縁仕立てにする
7. すべて縫い終わったら裏からコーディング糸を詰める。この時も刺繍枠をかけて作業をする
8. 下絵を消す

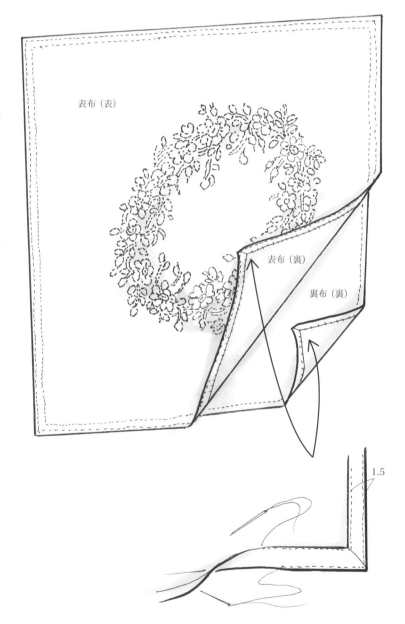

5. Petit tapis en broderie de Marseille　マルセイユ刺繍の小さなトレイ敷き

voir page 13

出来上り寸法　25×25cm／実物大図案 型紙A面

材料

コットンバチスト（表布、裏布）＝白35×35cmを2枚
DMCアブローダー刺繍糸＝白30番を適宜
キルト糸＝白を適宜
コーディング糸＝白約15g

作り方

1　型紙の準備
2　アイロンをかけ布目を整える
3　図案を表布（表）に写す。
　　型紙を透かしながら正確に写す。回りのボーダーは図案を回転しながら写す
4　表布の下に裏布を当て、5、6cm間隔でしつけをかける
5　刺繍枠を使用し、柄を中心から刺繍糸でバック・ステッチで縫う
6　縁のスカラップは刺繍糸でボタンホール・ステッチで始末する。その後、スカラップ部分とボーダーの回りに約5mmおきにフレンチノット・ステッチ（→p.88）をする
7　柄を縫い終わったら裏からコーディング糸を詰める。この時も刺繍枠をかけて作業をする
8　詰めた後にベース全体にポワン・アプロッシェ（キルト糸で針目を細かく縫う）（→p.40）をする
9　なるべく平らな状態で洗い、下絵を消して湿ってるうちによく伸ばして乾かす。回りのボタンホール・ステッチの余分な布を切り取る

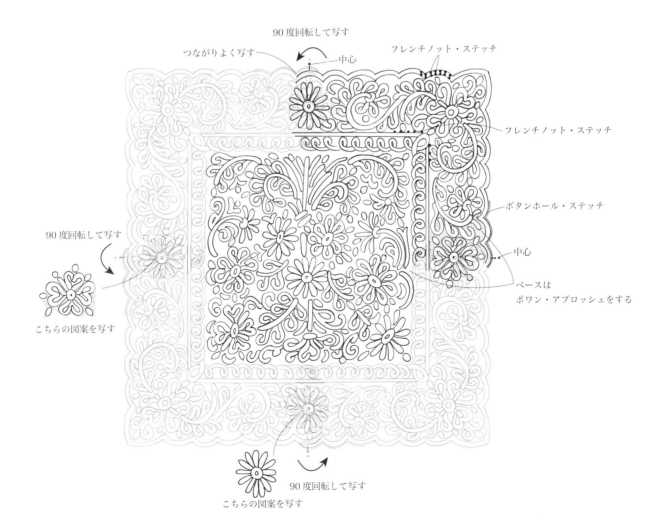

6. Protège toast en lin　麻のパン包み

voir page 14

出来上り寸法　32×32cm／実物大図案 型紙p.67

材料

麻バチスト（表布、裏布）＝白45×45cmを2枚
麻糸＝白60番、80番を適宜（レース用の細い麻糸）
コーディング糸＝白約15g

＊麻のバチストがない場合には薄手の麻で代用できます。

作り方

1　型紙の準備

2　アイロンをかけ布目を整える

3　図案を表布（表）に写す。
　　布の中心に十字の案内線を書き、型紙を透かしながら回転して正確に写す

4　表布の下に裏布を当て、5、6cm間隔でしつけをかける

5　刺繍枠を使用し、花と唐草、スカラップを太い60番の麻糸でバック・ステッチ、ベースのヴェルミキュレ（→p.40）を細い80番の麻糸で細かいランニング・ステッチで縫う

6　縁のスカラップは60番の麻糸でボタンホール・ステッチで始末する

7　すべて縫い終わったら裏からコーディング糸を詰める。この時も刺繍枠をかけ作業をする。細めの針でコーディング糸の量を控えめにするとスムーズに通る

8　なるべく平らな状態で洗い、下絵を消して湿っているうちによく伸ばし乾かす。平らなところはきれいにアイロンをかける。縁のボタンホール・ステッチの余分な布を切り取る

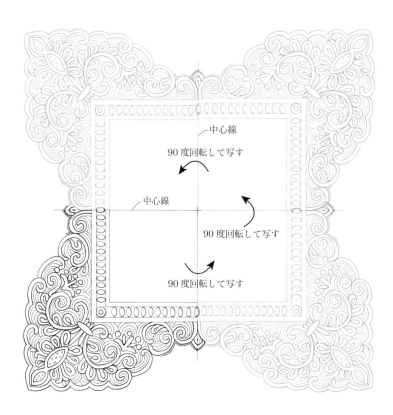

1/4 実物大図案 型紙

7. Bourse motifs carrelages blancs　白いタイル柄の巾着

voir page 16
出来上り寸法　14×8×18cm／実物大図案 型紙p.69

材料

コットンバチスト（表布、裏布）＝白45×50cm（側面）を1枚、
　16×10cm（底）を2枚
薄手接着芯＝約3×3cmを4枚
底用芯＝14×8cm
キルト芯＝14×8cm
DMCアブローダー刺繡糸＝白25番を適宜
キルト糸＝白を適宜
コーディング糸＝白約20g
25番刺繡糸（房用）＝白1束
コード＝白65cmを2本

作り方

1　型紙の準備

2　アイロンをかけ布目を整える

3　図案を表側面（表）に写す。
　柄はリピートで3回写す。上部の口はわで裁断する（裏表の布を続けて裁断）

4　側面にボタンホールを作る。
　ボタンホールの位置は布地が薄いので薄手接着芯を裏にはる。ボタンホールができたら余分な接着芯ははがし、ぎりぎりで切る

5　しつけをかける。
　口で折り、表裏2枚にして5、6cmおきにしつけ糸でとめる

6　柄を中心から縫う。キルト糸で細かくランニング・ステッチ。ひも通し位置も縫う

7　すべて縫い終わったら裏からコーディング糸を詰める

8　なるべく平らな状態で洗い、下絵を消して湿っているうちによく伸ばして乾かす。ブティのないところは半乾きで裏からアイロンをかけるときれいに仕上がる

9　脇を縫う。
　柄に合わせて表からコの字まつりをする。裏の縫い代の始末は1枚の縫い代を1.5cmに、残りの縫い代は0.8cmに切りそろえ、広いほうの縫い代でくるんでまつる（→p.70）

10　底の準備。
　ブティをするとサイズが変わるのでちょうど側面にはまる大きさに底芯を調整する。その底芯とキルト芯を2枚の布ではさみ、動かないように回りをしつけ糸で仮どめする（→p.71）

11　10の底を側面に合わせて縫い代を内側に折りたたみ、出来上り状態にピンでとめ、表からコの字まつりで1周まつる（→p.71）

12　中の縫い代の始末。
　底の内側の1枚の布の縫い代を1.5cmに、残りの縫い代は0.8cmに切りそろえ、広いほうの縫い代でくるんでまつる

13　左右それぞれからコードを通し、先に房をつける（→p.71）

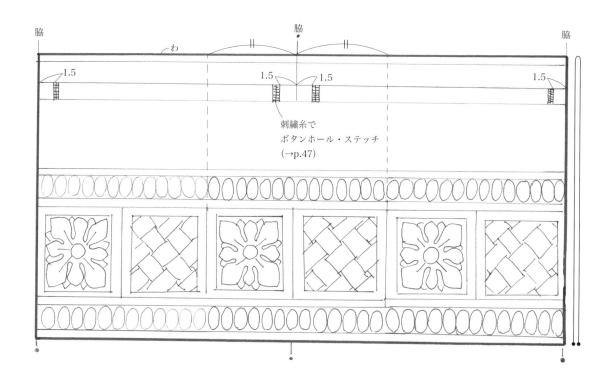

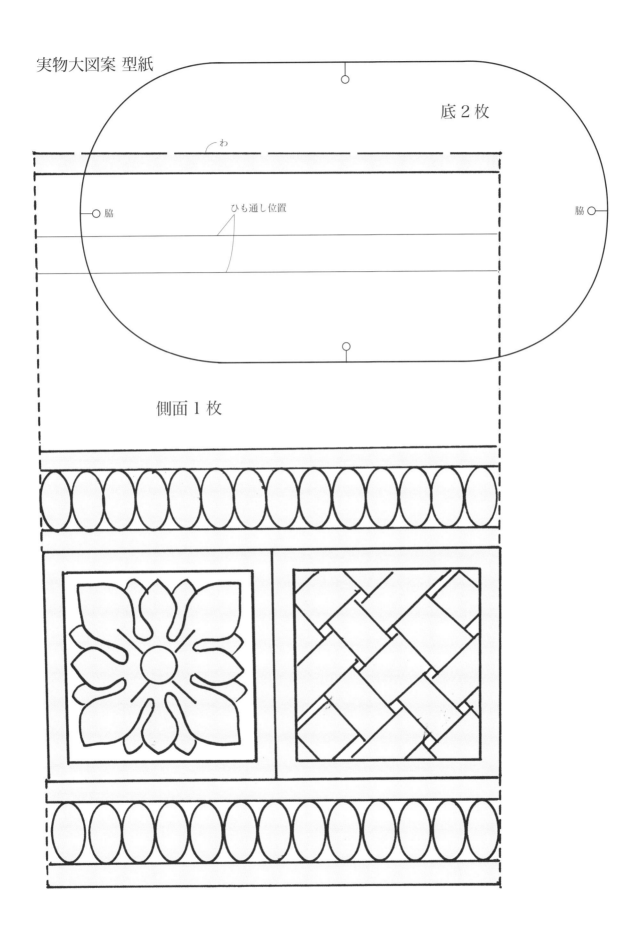

8. Bourse motifs roses d'automne　秋ばら模様の巾着

voir page 17

出来上り寸法　14×7.5×20cm／実物大図案 型紙A面

材料

薄手コットンバチスト（表布、裏布）＝白45×36cm（側面）を2枚、
　16×10cm（底）を2枚
薄手接着芯＝約3×3cmを4枚
底用芯＝14×9cm
キルト芯＝14×9cm
DMCアブローダー刺繡糸＝白25番を適宜
キルト糸＝白を適宜
コーディング糸＝白約10g、ライラック色、緑色を適宜
25番刺繡糸（房用）＝白1束
コード＝白65cmを2本

作り方

1　型紙の準備

2　アイロンをかけ布目を整える

3　図案を表側面（表）に写す

4　側面にボタンホールを作る。
　ボタンホールの位置は布地が薄いので薄手接着芯を裏にはる。ボタンホールができたら余分な接着芯ははがし、ぎりぎりで切る

5　しつけをかける。
　表側面の下にを裏側面を当て、5、6cmおきにしつけ糸でとめる

6　柄を中心から縫う。キルト糸で細かくランニング・ステッチ。ひも通し位置も縫う。口のスカラップは刺繡糸でボタンホール・ステッチ、スカラップの際にサテン・ステッチをする

7　すべて縫い終わったら裏からコーディング糸を詰める。柄が小さいので細めの針を使い、詰める糸も割って少なくし、繊細に詰める。好みで花びらのピンクを濃淡で使い分けてもよい

8　なるべく平らな状態で洗い、下絵を消して湿っているうちによく伸ばして乾かす。ブティのないところは半乾きで裏からアイロンをかけるときれいに仕上がる

9　脇を縫う。
　柄に合わせて表からコの字まつりをする。裏の縫い代の始末は1枚の縫い代を1.5cmに、残りの縫い代は0.8cmに切りそろえ、幅が広いほうの縫い代でくるんでまつる

10　底の準備。
　ブティをするとサイズが変わるのでちょうど側面にはまる大きさに底芯を調整する。その底芯とキルト芯を2枚の布ではさみ、動かないように回りをしつけ糸で仮どめする

11　10の底を側面に合わせて縫い代を内側に折りたたみ、出来上り状態にピンでとめ、表からコの字まつりで1周まつる

12　中の縫い代の始末。
　底の内側の1枚の布の縫い代を1.5cmに、残りの縫い代は0.8cmに切りそろえ、広いほうの縫い代でくるんでまつる

13　左右それぞれからコードを通し、先に房をつける

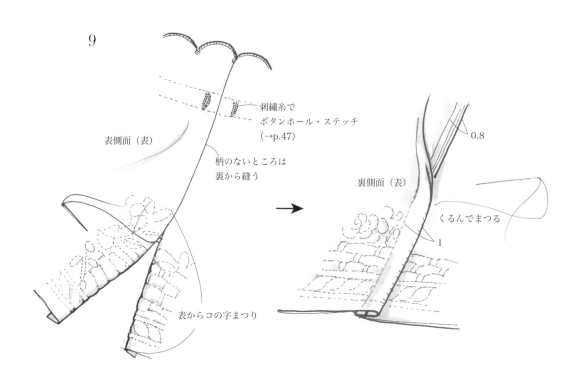

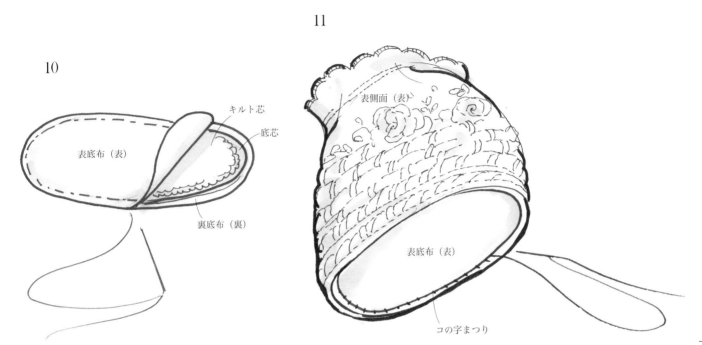

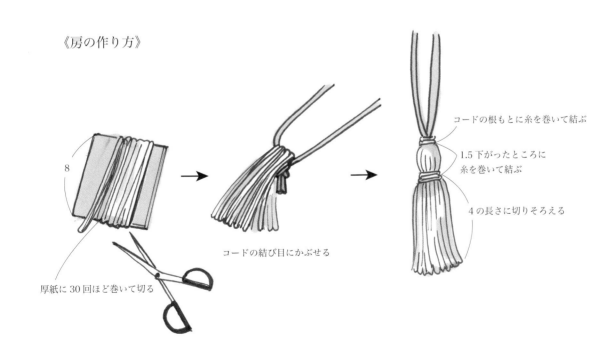

《房の作り方》

9. Coussin d'alliances　水色のリングピロー

voir page 18

出来上り寸法　23×23cm／実物大図案 型紙C面

材料

薄手コットンバチスト（表布）＝白33×33cmを1枚
コットンバチストまたは綿ローン（裏布）＝水色33×33cmを3枚
キルト芯＝22×22cmを1枚
DMCアブローダー刺繍糸＝白30番を適宜
キルト糸＝白を適宜
コーディング糸＝白約8g
ブレード＝水色2mm幅160cm
底用プラスチック板＝白または透明22×22cm
化繊わた＝クッション用を適宜

作り方

1　型紙の準備。
　　イニシャルを選ぶ。図案を写す

2　アイロンをかけ布目を整える

3　図案を表布（表）に写す。
　　布の中心に柄を配置し、布目を回りの額縁に合わせ柄を写す

4　色のついた裏布を後ろに当て、5、6cm間隔でしつけをかける

5　刺繍枠を使用して、柄を中心から縫う。
　　型紙で太い線の花やリボンは刺繍糸でバック・ステッチ。小さな丸はサテン・ステッチ、イニシャルはアウトライン・ステッチ。細い線の花などはキルト糸でランニング・ステッチをする

6　すべて縫い終わったら裏からコーディング糸を詰める。柄が小さいので細めの針を使い、糸も割って量を調節するときれいに詰めることができる

7　平らな状態で洗い、下絵を消して湿っているうちによく伸ばして乾かす。半乾きでブティのないところにアイロンをかける

8　底板を準備する。
　　底用プラスチック板の角をほんの少し落としてカーブにする。2枚の裏布の間にキルト芯と一緒にはさみ、回りをしつけでとめて固定する

9　底板にブティをした本体の縫い代を折り、かぶせるようにまつりつける。3辺をまつったところで化繊わたを入れる。しわのないように均等に詰め、最後の1辺をまつる

10　回りの縫い目の上にブレードをまつりつける

11　ブレードを縫いつけ、リボン結びにする

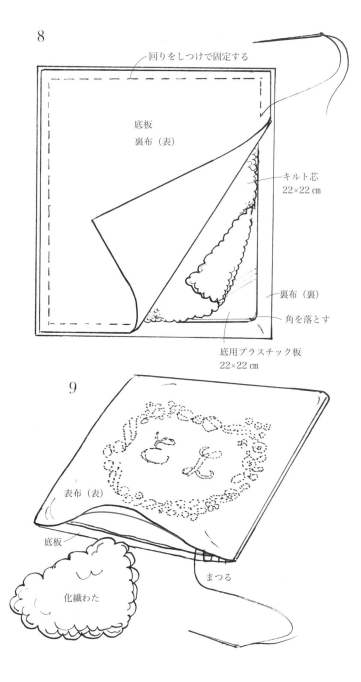

10. Coussin méché en couleur anis 若草色のクッション

voir page 20
出来上り寸法　40×40cm／実物大図案 型紙D面

材料
薄手のコットンバチスト（表布、裏布、袋布A、袋布B）＝
　白50×150cm
キルト糸＝白を適宜
コーディング糸＝白約50g、緑色約25g

作り方
1　型紙の準備
2　アイロンをかけ布目を整える
3　図案を表布（表）に写す。
　　布の中心に十字の案内線を書き、中心にメイン柄を写す。回りのボーダー柄を十字の案内線に合わせ図案を回転しながら写す。中の格子の線を埋める
4　表布の下に裏布を当て、5、6cm間隔でしつけをかける
5　刺繍枠を使用し、柄を中心からキルト糸でランニング・ステッチで縫う
6　柄が縫い終わったら裏からコーディング糸を詰める。この時も刺繍枠をかけて作業をする。メイン柄とボーダー柄は緑、格子は白で
7　詰めた後に、メイン柄とボーダー柄のベースは全体にポワン・アプロッシェ（キルト糸で細かいランニング・ステッチ）（→p.40）をする
8　なるべく平らな状態で洗い、下絵を消して湿っているうちによく伸ばして乾かす
9　回りの縫い代を8mmに切りそろえ、裏に三つ折りにしてまつる。この時に裏布を4mmほどに切り、くるむようにまつるときれいに仕上がる
10　クッションに仕上げる。
　　ボーダー柄の内側に袋布を縫いとめる

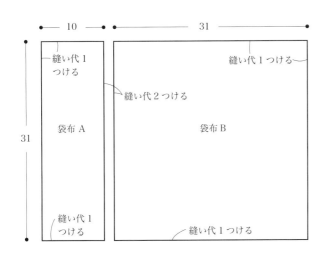

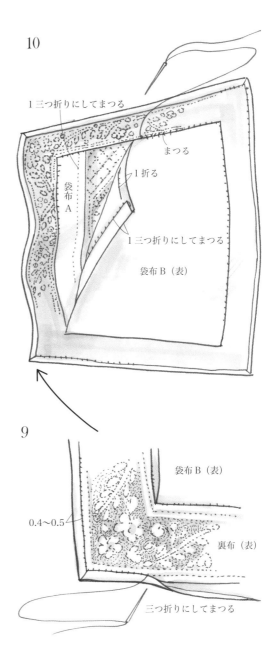

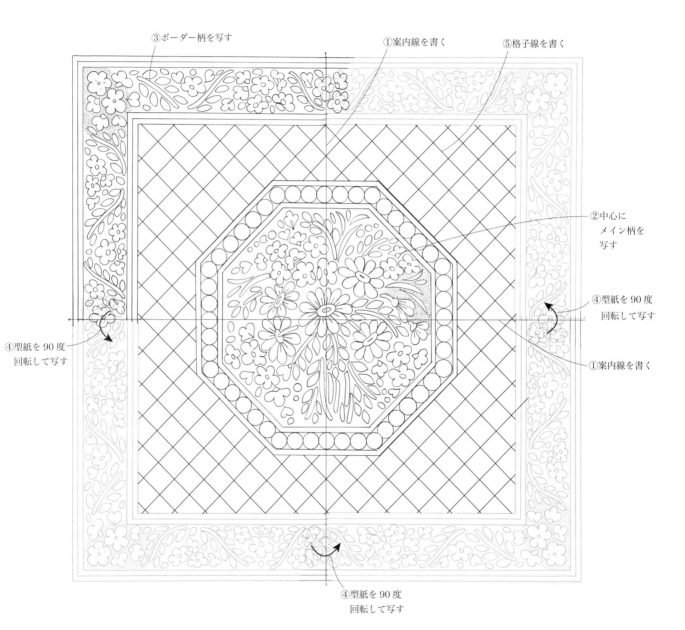

11. Etui à lunettes de soleil en soie   シルクのサングラスケース

voir page 22
出来上り寸法　8×22cm／実物大図案 型紙D面

材料

シルクシャンタン（表布）＝ラベンダー色35×40cmを1枚
コットンバチスト（裏布）＝ラベンダー色35×40cmを1枚
シルクの刺繍糸太め＝ラベンダー色を適宜
シルクの縫い糸＝ラベンダー色を適宜
コーディング糸＝白約18g

作り方

1　型紙の準備
2　アイロンをかけ布目を整える
3　図案をシルクシャンタン（表）に写す。
　　ベースは4mmのトンネル線を案内線に合わせて写す。シルクは熱で消えるペンや布用チョークペンシルの黄色や白などを使用する
4　表布の下に裏布を当て、5、6cm間隔でしつけをかける
5　刺繍枠を使用し、メイン柄はシルクの刺繍糸でバック・ステッチ。トンネル線はシルクの縫い糸でランニング・ステッチで縫う
6　すべて縫い終わったら裏からコーディング糸を詰める。この時も刺繍枠をかけ作業をする
7　下絵の柄を消す
8　ケースに仕立てる。
　　8mm程度に縫い代を残し、余分な縫い代をカットする。直線は三つ折り仕立て。ふたのカーブの部分は縫い代を細かく縫って、糸を少し引き締めて三つ折りでまつるときれいに仕上がる。三つ折りは裏布を4mmほど切って控えるときれいにまつることができる
9　左右の三角のまち部分を折りたたみ、表からコの字まつりで見えないように細かくまつる

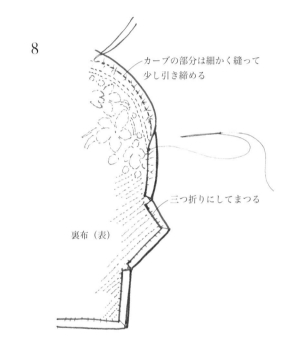

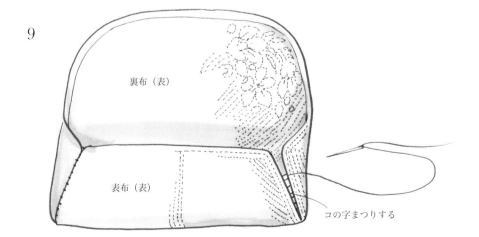

12. Clochette de trésor クロシェット型の小物入れ

voir page 23
出来上り寸法　5×8cm／実物大図案 型紙p.77

材料（1個分）

綿ローン（表布）＝ピンクまたはブルー30×30cmを2枚
綿ローン（裏布）＝無地または小柄プリント15×20cmを1枚
芯用プラスチック板＝15×20cmを1枚
DMCアブローダー刺繍糸＝25番の布と同色を適宜
キルト糸＝布と同色を適宜
コーディング糸＝白約5g
コード＝表布と同色を40cm

作り方

1　型紙の準備

2　アイロンをかけ布目を整える

3　図案を表布（表）に写す。
　　刺繍枠をはめるため、回りに5cm以上の布の余裕が必要

4　表布の下にもう1枚の表布を当て、5、6cm間隔でしつけをかける。この時、3枚を切り離さずに同時にしつけをし、刺繍と詰めをする

5　刺繍枠を使用して、柄を縫う。
　　刺繍糸でバック・ステッチまたはキルト糸でランニング・ステッチ

6　すべて縫い終わったら、裏からコーディング糸を詰める

7　なるべく平らな状態で洗い、下絵を消して湿っているうちによく伸ばして乾かす

8　プラスチック板を型紙どおりに切る。表布用、裏布用各3枚同様

9　プラスチック板を当て、印を軽くつける。回りに8mmの縫い代をつけて裁断する。表、裏布各3枚同様

10　表布の縫い代のほぼ中央をぐるりとぐし縫いし、縫い糸を引いて縮めながらプラスチック板にかぶせる。縫い代を裏で縫いとめると動かず作業がしやすい

11　裏布も表布と同様に縫い、プラスチック板にかぶせる

12　10と11を外表に合わせ細かくまつりつける。3枚同様にまつる

13　12でできた3枚の花びらをコの字まつりで細かく組み立てるが、1辺は入れ口になるのでまつらないでおく。3枚めをつける前にコードなどをつけると作業がしやすい。3枚めが縫えたら最後に口の上下を2mmしっかり縫いとめる

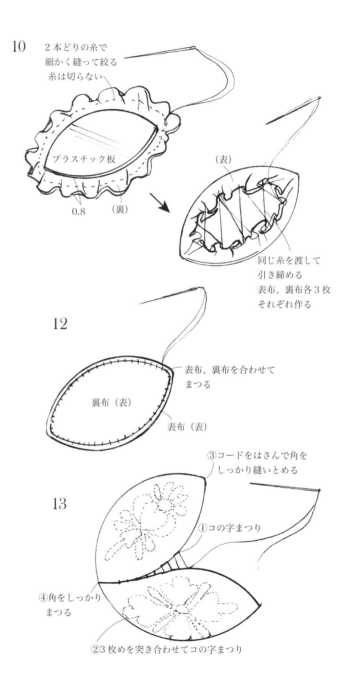

実物大図案

〈小〉

サテン・ステッチ

〈大〉

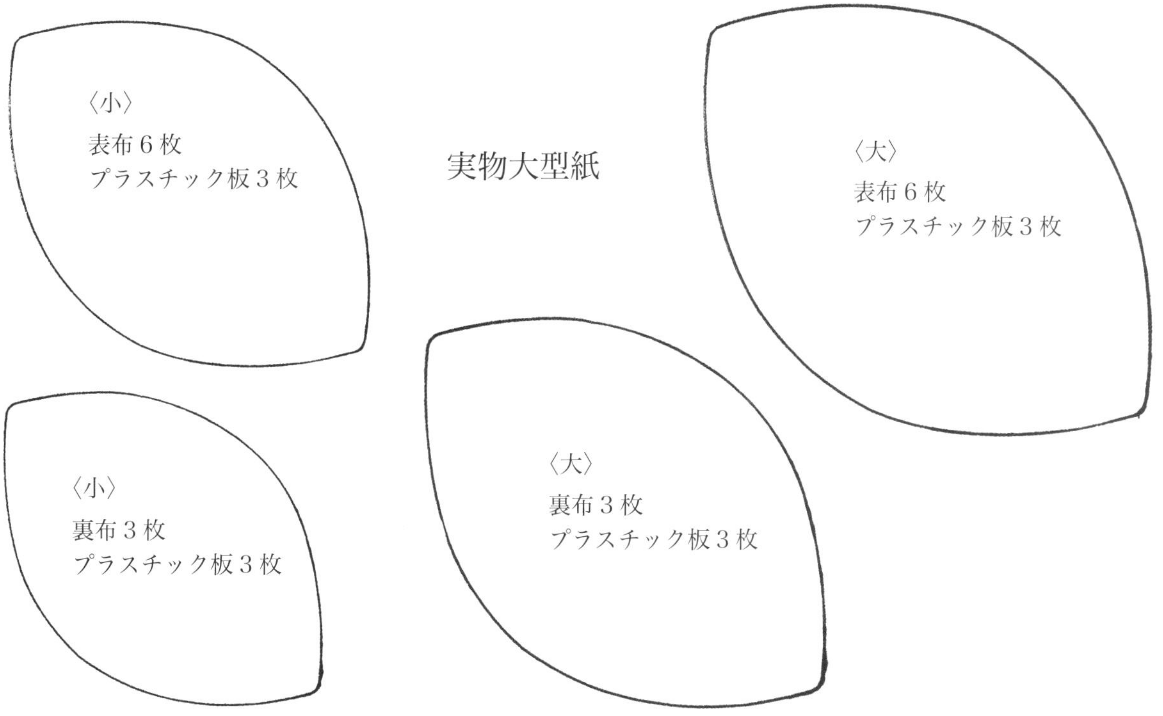

〈小〉
表布 6 枚
プラスチック板 3 枚

実物大型紙

〈大〉
表布 6 枚
プラスチック板 3 枚

〈小〉
裏布 3 枚
プラスチック板 3 枚

〈大〉
裏布 3 枚
プラスチック板 3 枚

13. Coussin de printemps　春のクッション

voir page 24

出来上り寸法　38×38cm／実物大図案 型紙A面

材 料

薄手コットンバチスト（表布）＝白48×48cmを1枚
綿ローンまたはキャンブリック（裏布）＝ピンク48×48cmを1枚
薄手コットンバチスト（袋布A、袋布B）＝40×100cmを1枚
DMCアブローダー刺繍糸＝白30番を適宜
キルト糸＝白を適宜
コーディング糸＝白約20g

作り方

1　型紙の準備。
　　メイン柄、ボーダー柄を写す

2　アイロンをかけ布目を整える

3　図案を表布（表）に写す。
　　布の中心に十字の線を書く。この案内線に合わせて柄を写す。
　　ボーダー柄は回転して写す

4　表布の下に裏布を当て、5、6cm間隔でしつけをかける

5　刺繍枠を使用して柄を中心から縫う。キルト糸で細かくランニング・ステッチ。小さい玉は刺繍糸でサテン・ステッチ

6　すべて縫い終わったら裏からコーディング糸を詰める。柄が小さいので細めの針を使用し、詰める糸も割って少なくし繊細に詰める

7　なるべく平らな状態で洗い、下絵を消して湿っているうちによく伸ばして乾かす。ブティのないところは半乾きでスプレーのりをかけてアイロンをかけるときれいに仕上がる

8　縫い代を8mm残して切り落とし、三つ折りにしてまつり、4辺の始末をする

9　袋布をまつる。
　　共布のバチストは薄いので入り口になる部分をわになるように2重にし、ボーダー柄の内側の線にまつりつける

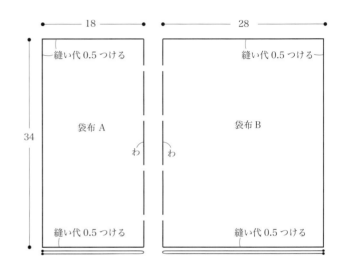

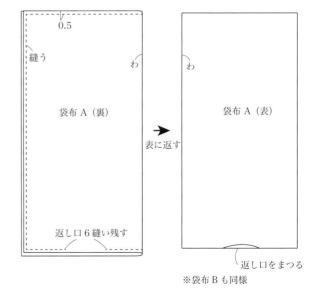

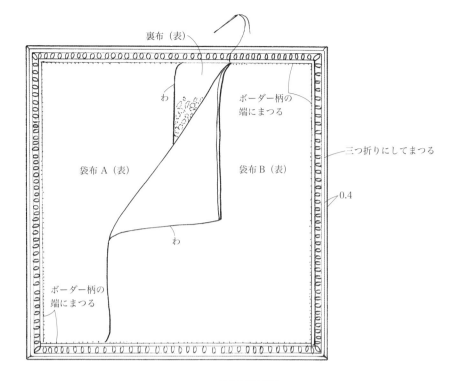

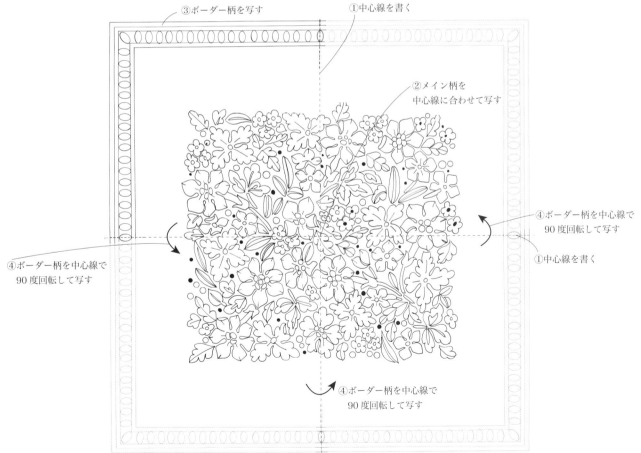

14. Manchettes et col en soie　シルクの替え衿とカフス

voir page 26

出来上り寸法　衿つけ回り46cm、カフスつけ回り23cm／実物大図案 型紙B面

材料

シルクシャンタン（表布）＝生成り50×80cmを1枚
綿ローン（裏布）＝生成り50×80cmを1枚
DMCアブローダー刺繍糸＝生成り25番を適宜
キルト糸＝生成りを適宜
コーディング糸＝白約20g

作り方

1. 型紙の準備
2. アイロンをかけ布目を整える
3. 図案をシルクシャンタン（表）に写す。
   型紙を透かしながら正確に写す。透けない場合はチョークペーパーを使用。シルクは熱で消えるペンや布用チョークペンシルかチョークペーパーの黄色や白など使用する。衿は後ろ中心から左右対称に、カフスも左右対称に1枚ずつトレーシングペーパーを利用し裏表で写すとよい
4. 表布の下に裏布を当て、5、6cm間隔でしつけをかける
5. 刺繍枠を使用し、柄を中心から刺繍糸でバック・ステッチで縫う。その後ベースのヴェルミキュレ（→p.40）を細いキルト糸で細かいランニング・ステッチで縫う
6. すべて縫い終わったら、裏からコーディング糸を詰める。この時も刺繍枠をかけて作業をする
7. 下絵を消す
8. 衿外回り、カフスの外回りの縫い代を1cm、衿つけ、カフスつけの縫い代は2cm残して切り取る
9. 衿外回りとカフスの外回りの始末は三つ折りにして裏にまつりつける。この時、裏布を4、5mm程度に控えて切るときれいに仕上がる。衿とカフスのつけ側は突き合わせてまつる

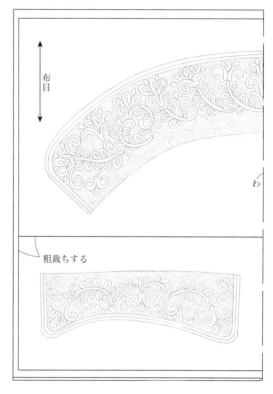

表布・裏布　裁ち方

布目

わ

粗裁ちする

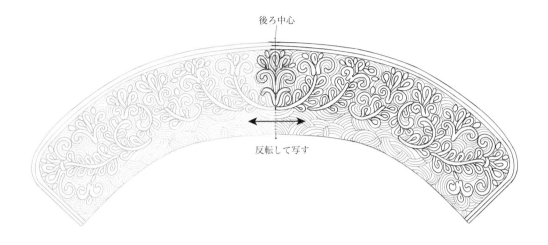

9

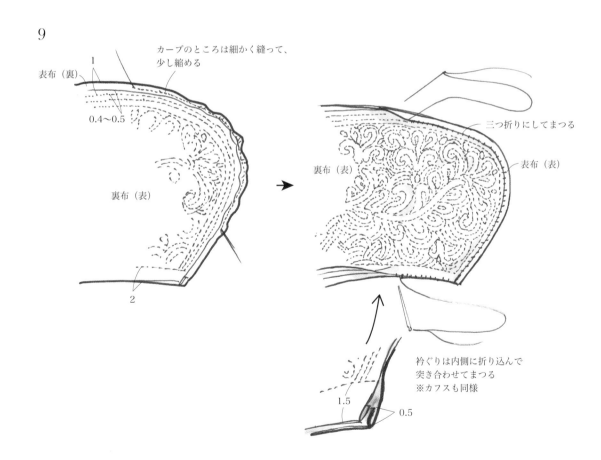

15. Étuis à éventail 桜と羽根柄の扇子入れ

voir page 28

出来上り寸法　桜＝21×4.5cm　羽根＝20×4.5cm／実物大図案 型紙p.83,84

材料

コットンバチスト（表布、裏布）＝白28×20cmを2枚
DMCアブローダー刺繍糸＝白25番を適宜
キルト糸＝白を適宜
コーディング糸＝白約15g、ピンクを適宜（桜柄のみ）

作り方

1. 型紙の準備。
   羽根柄はポワン・ド・ヴォーベの部分は5mmのトンネル線を使用
2. アイロンをかけ布目を整える
3. 図案を表布（表）に写す。
   図案の型紙を透かしながら正確に写す。羽根柄のベースはポワン・ド・ヴォーベの案内線にそって5×5mmの格子を書く
4. 表布の下に裏布を当て、5、6cm間隔でしつけをかける
5. 刺繍枠を使用し、柄を中心から縫う。羽根柄は刺繍糸でアウトライン・ステッチ。小さな点はフレンチノット・ステッチ（→p.88）。桜柄は刺繍糸でバック・ステッチ、サテン・ステッチで縫う。格子とポワン・ド・ヴォーベはキルト糸を使用
6. 入れ口部分の始末は刺繍糸でボタンホール・ステッチをする
7. すべて縫い終わったら、裏からコーディング糸を詰める。この時も刺繍枠をかけて作業をする。桜の花は好みでピンク色で詰める
8. なるべく平らな状態で洗い、下絵を消して湿っているうちによく伸ばして乾かす。この時、縫い代はつけた状態
9. 縫い代を直線の3辺は8mm残して切り落とす。ボタンホール・ステッチのところはぎりぎりに切り落とす
10. 直線の部分は裏側に三つ折りにしてまつる
11. 本体を縦長に二つに折り、コの字まつりで細かくとじる

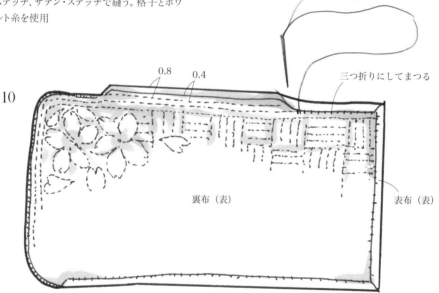

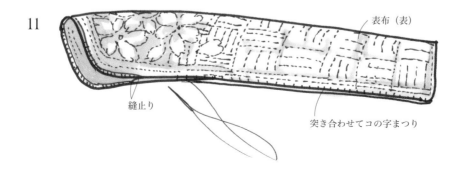

実物大図案 型紙・桜

実物大図案 型紙
羽根

フレンチノット・ステッチ
ボタンホール・ステッチ
縫止り
縫止り
アウトライン・ステッチ
ポワン・ド・ヴォーベ
トンネル案内線
5mmのトンネル線を使用 (p.96)
トンネル案内線
5mmのトンネル線を使用 (p.96)

16. Sac pour grande occasion　シックなセカンドバッグ

voir page 29

出来上り寸法　23×13cm／実物大図案　型紙D面

材料

シルクシャンタン（表布、表袋布）＝グレー38×45cmを2枚
綿ローン（裏布、裏袋布）＝グレー38×45cmを2枚
薄手のキルト芯＝（袋布用）30×27cm
シルクの刺繍糸＝グレーを適宜
コーディング糸＝白約18g
ファスナー＝グレー22cmを1本

作り方

1. 型紙の準備
2. アイロンをかけ布目を整える
3. 図案を表布（表）に写す。
   図案を透かしながら正確に写す。透けない場合はチョークペーパーを使用。シルクは熱で消えるペンや布用チョークペンシルかチョークペーパーの黄色や白など使用する
4. 表布の下に裏布を当て、5、6cm間隔でしつけをかける
5. 刺繍枠を使用し、柄を中心から刺繍糸でバック・ステッチで縫う。その後ベースのヴェルミキュレ（→p.40）を細いシルク糸で細かいランニング・ステッチをする
6. すべて縫い終わったら、裏からコーディング糸を詰める。この時も刺繍枠をかけて作業をする
7. 下絵を消す
8. 縫い代を1cm残して切る
9. 本体を仕上げる。
   4辺を三つ折りにして裏にまつりつける。このとき裏布を4〜5mm程度に切り、控えるときれいに仕上がる（→p.82）
10. 中袋を作る。
    縫い代は1cmで図のように表袋布にはキルト芯を裏に当てた状態で縫製をする。ファスナーをつけてから中表に合わせて脇を縫い、袋状になった裏布を中にまつりつける
11. 本体のサイズに合わせて中袋の底をつまんで縫いとめ、まち（厚み）を作る
12. 本体をコの字まつりで3辺を細かく中袋にまつりつける

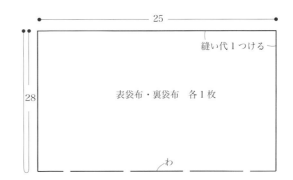

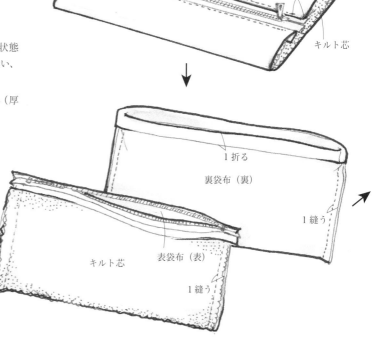

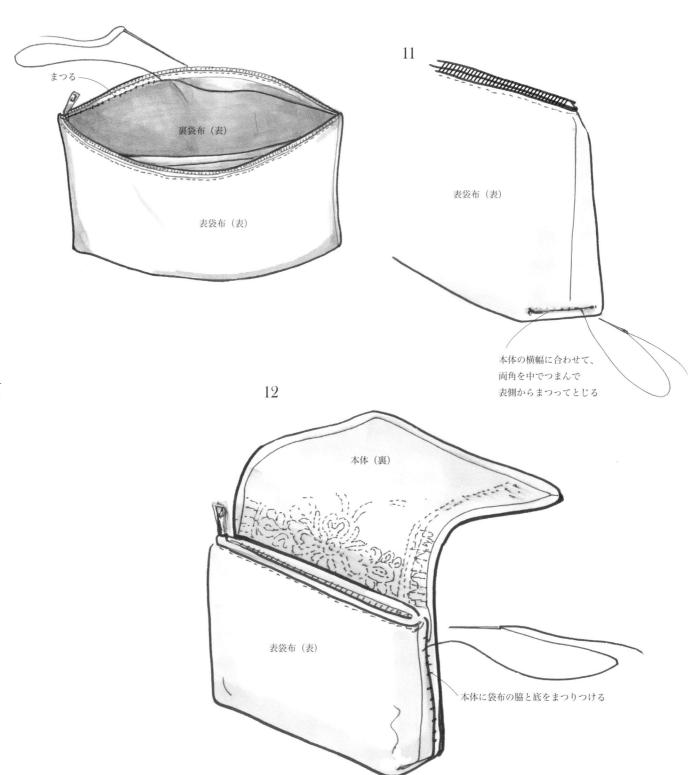

17. Petit sac de couleur lavande　ラベンダー色の小さなバッグ

voir page 30

出来上り寸法　17×23×8cm／実物大図案 型紙A面

材料

コットンバチスト＝ラベンダー色40×80cmを2枚
底用芯＝9×20cm
薄手キルト芯＝9×20cm
DMCアブローダー刺繡糸＝ラベンダー色25番を適宜
キルト糸＝ラベンダー色を適宜
コーディング糸＝白約60g

作り方

1. 型紙の準備
2. アイロンをかけ布目を整える
3. 図案を表布(表)に写す。
   型紙を透かしながら側面2枚、持ち手2枚に正確に写す
4. 表布の下に裏布を当て、5、6cm間隔でしつけをかける
5. 刺繡枠を使用し、柄を中心からキルト糸で細かいランニング・ステッチで縫う
6. 花心は刺繡糸でフレンチノット・ステッチで刺繡する
7. すべて縫い終わったら裏からコーディング糸を詰める。この時も刺繡枠をかけて作業をする
8. なるべく平らな状態で洗い、下絵を消して湿っているうちによく伸ばして乾かす。底つけ部分は2cm、脇と入れ口、持ち手は8mmの縫い代を残して裁ち落とす
9. 脇と入れ口をブティの畝の内側に三つ折りでまつり仕上げる。入れ口の縫い代5mmの位置にぐし縫いで糸を引くときれいにカーブが折りたためる
10. 持ち手の縫い代を三つ折りにしてまつる。内側の縫い代を4mmに切り、控えるときれいに仕上がる
11. 側面2枚の両脇を表からコの字まつりで縫う
12. 底の準備。
    11で底の大きさが決まるので、型紙を当ててちょうど中に入る大きさに底芯を調節する(ブティをすると詰まるため確認が必要)。底芯を切り、外になるほうにキルト芯をはる(小さな両面テープで固定する)。芯を2枚の底布ではさんでピンでとめ、動かないようにしつけをする。(→p.71)この時、縫い代は2.5cm程度にする
13. 12の底を側面の中に入れる。いちばん外側の畝の上にコの字まつりで縫いつけるときれいに仕上がる。内側の縫い代は切りそろえながら外側になる布でくるみ、本体側にまつりつける
14. 持ち手をリボンの柄に合わせ、裏にまつりつける

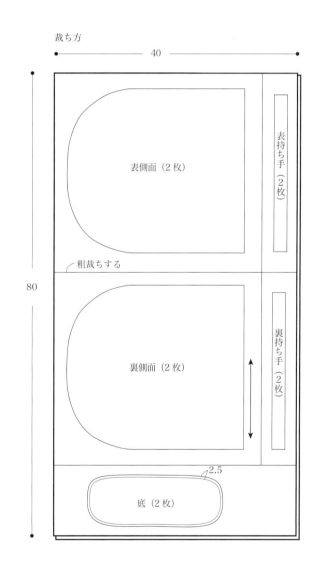

9

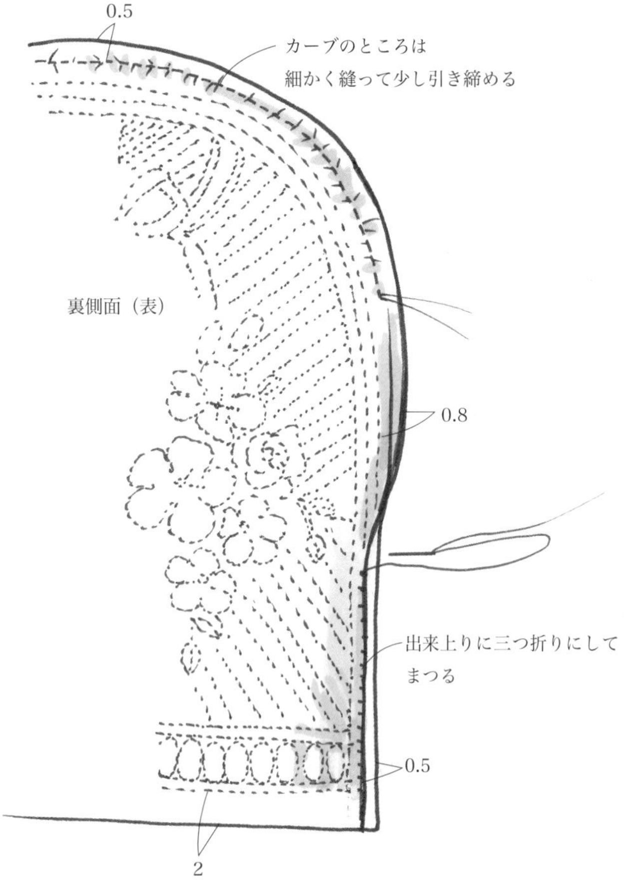

0.5

カーブのところは
細かく縫って少し引き締める

裏側面（表）

0.8

出来上りに三つ折りにして
まつる

0.5

2

11

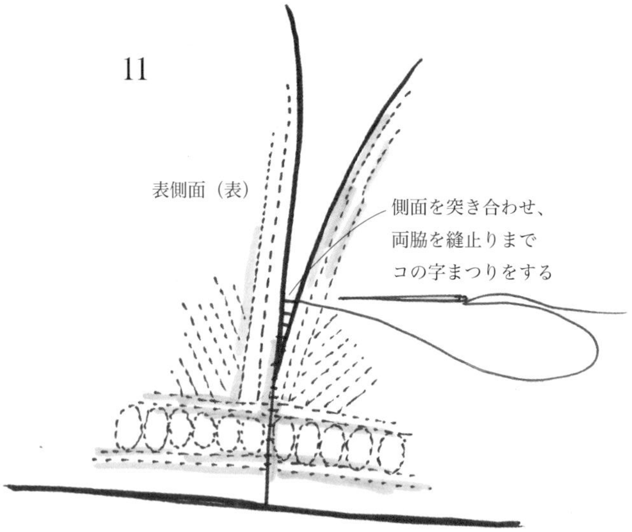

表側面（表）

側面を突き合わせ、
両脇を縫止りまで
コの字まつりをする

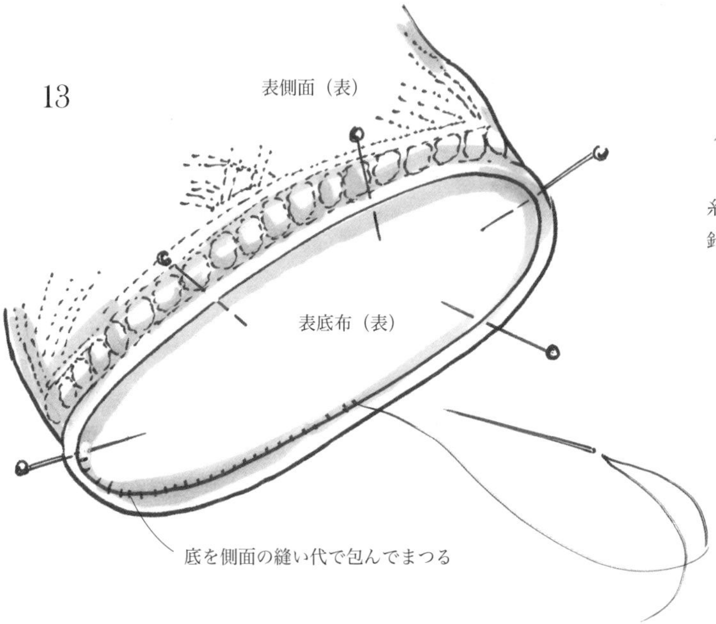

フレンチノット・ステッチ

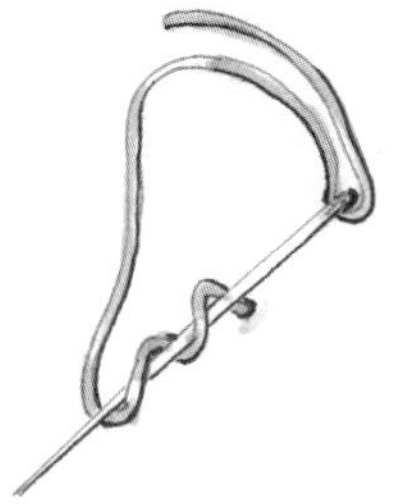

13

表側面（表）

表底布（表）

底を側面の縫い代で包んでまつる

糸を出した根もとで
針に糸を2回巻く

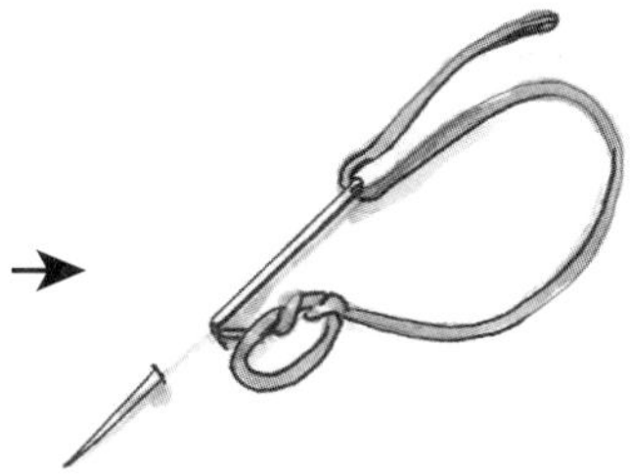

針を抜いて、糸を出した
同じところに針を戻し、
次の場所に針を出す

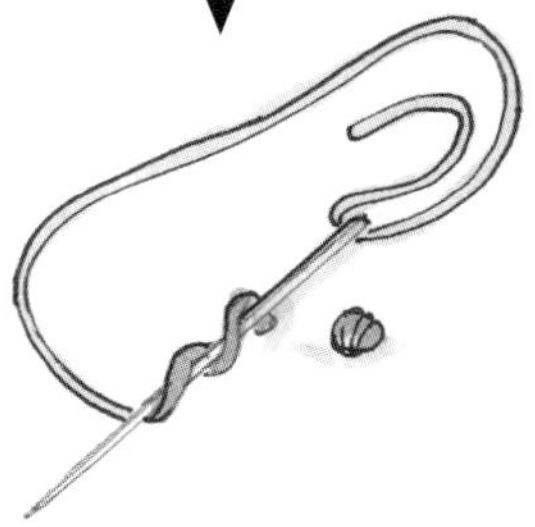

同じ作業を繰り返して作る

18. Pochette ronde aux fleures 花飾りの丸いポーチ
voir page 31
出来上り寸法　20×13×6cm／実物大図案 型紙p.90

材料
コットンバチスト（表布、裏布）＝ラベンダー色35×50cmを2枚
DMCアブローダー刺繍糸＝ラベンダー色25番を適宜
キルト糸＝ラベンダー色を適宜
コーディング糸＝白約25g
ファスナー（スライダー2個つき）＝ベージュ40cmを1本

作り方
1　型紙の準備
2　アイロンをかけ布目を整える
3　図案を表布（表）に写す。
　　型紙を透かしながら正確に写す。柄はポーチの両面とも同じで、底を突き合わせて図案を2回写す。ポワン・ド・ヴォーベのベースは案内線にそって4×5mmの格子を書く
4　表布の下に裏布を当て、5、6cm間隔でしつけをかける
5　刺繍枠を使用し、柄を中心から縫う。リボン柄と縁とりは刺繍糸でバック・ステッチ。花はキルト糸で細かくランニング・ステッチをする
6　すべて縫い終わったら、裏からコーディング糸を詰める。この時も刺繍枠をかけて作業をする。リボン柄の細い線はコーディング糸を割って少なめに通す。細いクロス・ステッチ針などを使うと通しやすい
7　なるべく平らな状態で洗い、下絵を消して湿っているうちによく伸ばして乾かす。この時、縫い代はつけた状態にする
8　縫い代を1.5cm残して切り落とす
9　ファスナーのつくカーブの縫い代にぐし縫いをし、少し引き締めてファスナーのサイズに合わせる。そうすると丸い立体感が出る
10　ファスナーを星どめでつける（4mm間隔の半返し縫いで表には点のように少しだけ出す）。縫い代はファスナーの幅に切りそろえ、ボタンホール・ステッチでファスナーとともに縫いつける
11　ポーチの底の角を縫う。表からコの字まつりで細かくまつる。縫い代は1cm程度に切りそろえ、折って裏側にまつりつける

9,10

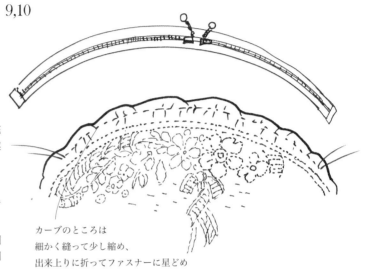

カーブのところは
細かく縫って少し縮め、
出来上りに折ってファスナーに星どめ

11

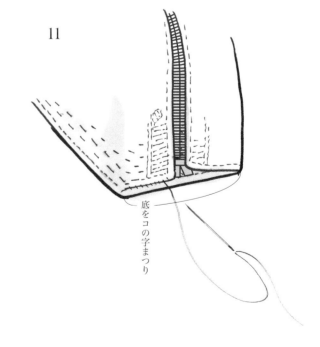

底をコの字まつり

実物大図案 型紙

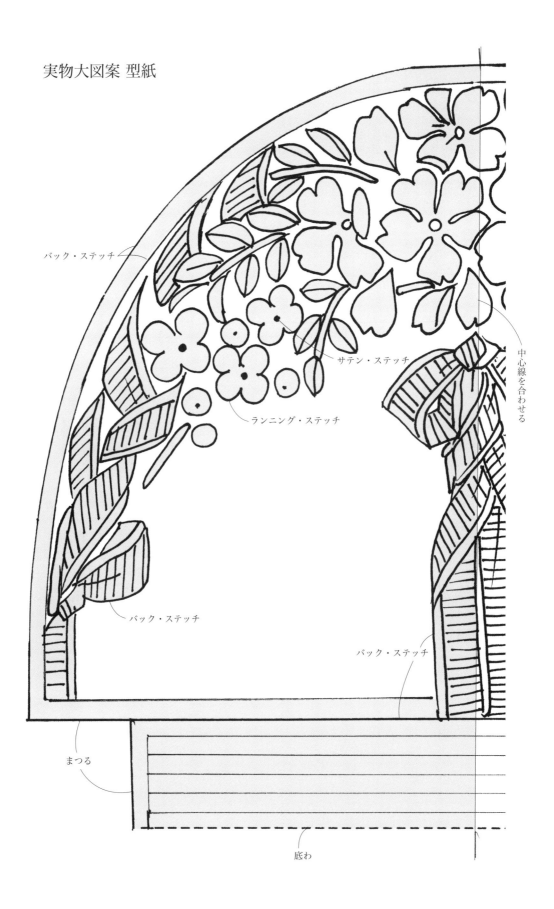

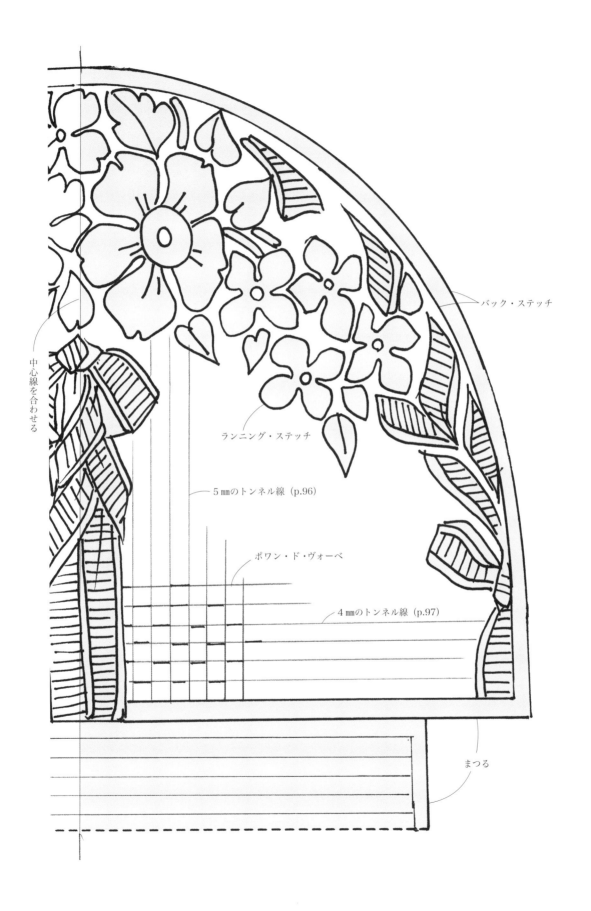

19. Coussin fleurs Médicis 盛り花のクッション

voir page 32

出来上り寸法　52×42cm／実物大図案 型紙D面

材料

薄手コットンバチスト（表布）＝白67×52cmを1枚
綿ローンまたはキャンブリック（裏布）＝黄色67×52cmを1枚
薄手コットンバチスト（袋布A、袋布B）＝55×140cmを1枚
DMCアブローダー刺繡糸＝白30番を適宜
キルト糸＝白を適宜
コーディング糸＝白約20g

作り方

1　型紙の準備

2　アイロンをかけ布目を整える

3　図案を表布（表）に写す。
　　布に中心線を引く。この案内線に合わせて柄を写す。ボーダー柄は図案を回転して写すと両側ができ上がる。回りは5mmのトンネル線を3本加える

4　刺繡枠を使用し、柄を中心から縫う。キルト糸で細かくランニング・ステッチ。小さい玉はアブローダー刺繡糸でサテン・ステッチ

5　表布の下に裏布を当て、5、6cm間隔でしつけをかける

6　すべて縫い終わったら裏からコーディング糸を詰める。柄が小さいので細めの針を使用し、詰める糸も割って少なくして繊細に詰める

7　なるべく平らな状態で洗い、下絵を消して湿っているうちによく伸ばして乾かす。ブティのないところは半乾きでスプレーのりをかけて裏からアイロンをかけるときれいに仕上がる

8　回りの始末をする。縫い代を8mm残して切り落とし、三つ折りにしてまつり、4辺の始末をする

9　袋布を作る。（→p.78）
　　共布のバチストは薄いので、入り口になる部分をわになるように2重にしボーダー柄の内側の線にまつりつける

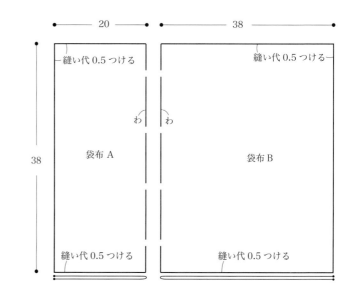

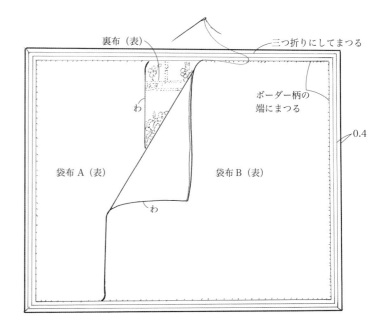

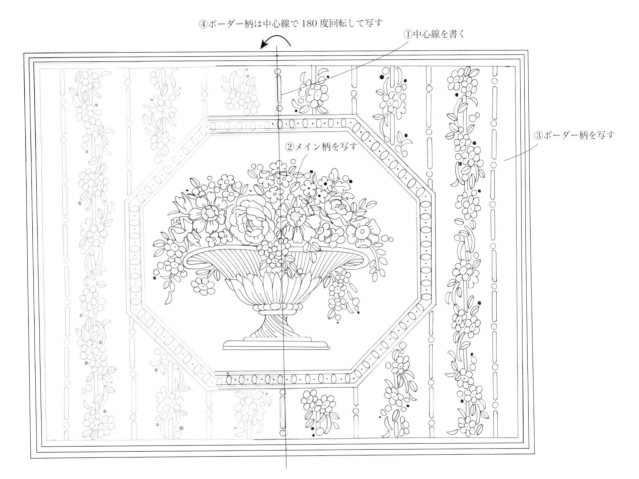

20. Parure pour bébé 赤ちゃんのスタイとボンネット
voir page 34

サイズ　6〜12か月用／実物大図案 型紙A,D面

材料
コットンバチスト（表布、裏布）＝水色スタイ用35×40cmを2枚、
　ボンネット用35×40cmを2枚
DMCアブローダー刺繡糸＝水色25番を適宜
キルト糸＝水色を適宜
コーディング糸＝白各約10g
共布バイアステープ＝2cm幅60cm
リボン＝生成り8cm幅100cm（スタイ用）、
　8mm幅80cm（ボンネット用）
ボタン＝直径1cmを1個（スタイ用）

作り方
1　型紙の準備

2　アイロンをかけ布目を整える

3　図案を表布（表）に写す。
　型紙を透かしながら正確に写す

4　表布の下に裏布を当て、5、6cm間隔でしつけをかける

5　刺繡枠を使用し、柄を中心からキルト糸で細かいランニング・ステッチで縫う。刺繡糸でカマラグ刺繡をする

6　回りのスカラップは刺繡糸でボタンホール・ステッチをする

7　すべて縫い終わったら裏からコーディング糸を詰める。この時も刺繡枠をかけて作業をする

8　なるべく平らな状態で洗い、下絵を消して湿っているうちによく伸ばして乾かす。ブティ部分をつぶさないようにアイロンをかける。回りのボタンホール・ステッチの余分な布を切り取る。三つ折り部分やひも通し部分は折り返し分を考慮した縫い代を残して裁断する

9　スタイに仕上げる。
　衿ぐりは共布バイアステープでくるむ。両脇はブティの畝に三つ折りにしてまつり、外回りはボタンホール・ステッチにそってカットする。衿ぐり後ろにボタンホールを作り、ボタンをつける。ブティをした両端にリボンを通す

10　ボンネットに仕上げる。
　後ろの丸みは三つ折りにしてまつり、リボン通しを作る。両脇の無地の布は三つ折りにしてまつり、ギャザーを寄せてブティをしたベルトにまつりつける

9　スタイ

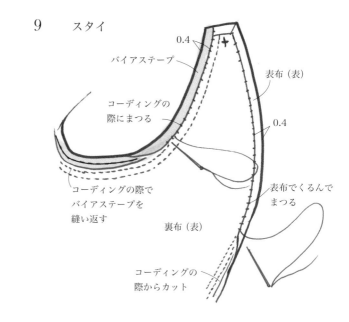

10　ボンネット

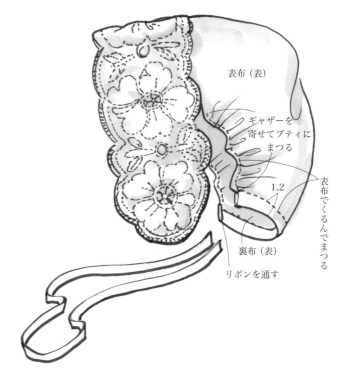

21. Abat-jour motifs plumes　羽根柄のランプシェード

voir page 36
出来上り寸法　26×19×7.5cm／実物大図案 型紙B面

材料
薄手コットンバチスト（表布、裏布）＝
　白をランプシェードの大きさに合わせて2枚
DMCアブローダー刺繡糸＝白30番を適宜
キルト糸＝白を適宜
コーディング糸＝白約15g
サテンブレード＝適宜

作り方

1　型紙の準備。
　ランプシェードの大きさに合わせて図案を配置する

2　アイロンをかけ布目を整える

3　図案を表布（表）に写す。
　型紙を透かしながら正確に写す

4　表布の下に裏布を当て、5、6cm間隔でしつけをかける

5　刺繡枠を使用し、柄を中心から刺繡糸でバック・ステッチやアウトライン・ステッチなどで縫う

6　細かい柄なので詰め針に細いクロス・ステッチ針などを使い、コーディング糸も分けて少しずつ詰める

7　洗って下絵を消し、湿っているうちにアイロンをかける。この時、ブティのところをつぶさないよう気をつける

8　ランプシェードの骨にキルト糸でまつる。表にひびかないようにまつる場合は2枚の布の間に針金を入れ、糸で縫いとめていく。縫い代は縫った後に5mm程度に切りそろえるが、ほつれないように布用接着剤で縫い代どうしをはる。内側にまつったところを隠すための細いサテンブレードを布用接着剤ではる

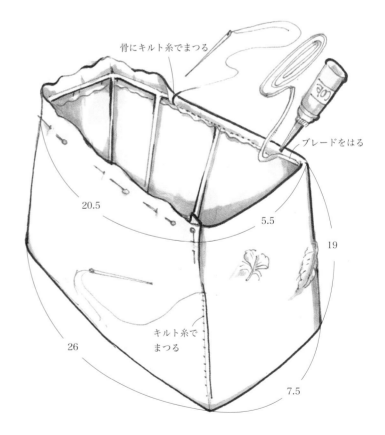

５㎜のトンネル線

4㎜のトンネル線

３mmのトンネル線

5+3 mmのトンネル線

好評既刊

"幸運にも好きなことばかりしてきたが、
好きなことをするための努力はたくさんしなければいけない。
そんな努力の中には独りではできないこともたくさんある。
そんなときに理解してくれる友達を持つことは幸せです。"

中山久美子ジェラルツ
Kumiko Nakayama-Geraerts

文化服装学院デザイン科を卒業。オートクチュールメゾンにて企画デザインに携わる。1989年渡仏。パリのデザイン事務所で服飾デザイナーを務めた後、インテリアのデザイン、テキスタイルのデザインなどを手がける。現在は世界各地でブティの講義、指導にあたる。
著書に『刺繍で描く　イニシャルとモノグラム』(文化出版局刊)、『フランスの針仕事　ブティ　布の彫刻』(日本ヴォーグ社刊)などがある。

ブックデザイン	天野美保子
撮影	宮本敏明
校閲	向井雅子
編集	平井典枝
	大沢洋子 (文化出版局)
製作協力	中川真澄、中村ますみ、加藤佳子、村上典子、酒井珠向、浦野カヨ

白の優美
ブティ

2018年1月22日　第1刷発行
2020年3月6日　第2刷発行
著　者　中山久美子ジェラルツ
発行者　濱田勝宏
発行所　学校法人文化学園 文化出版局
　　　　〒151-8524 東京都渋谷区代々木3-22-1
　　　　TEL.03-3299-2489 (編集)
　　　　TEL.03-3299-2540 (営業)
印刷・製本所　株式会社文化カラー印刷
© Kumiko Nakayama-Geraerts 2018 Printed in Japan
本書の写真、カット及び内容の無断転載を禁じます。

・本書のコピー、スキャン、デジタル化等の無断複製は著作権法上での例外を除き、禁じられています。
　本書を代行業者等の第三者に依頼してスキャンやデジタル化することは、
　たとえ個人や家庭内でも著作権法違反になります。
・本書でご紹介した作品の全部または一部を商品化、複製頒布、及びコンクールなどの
　応募作品として出品することは禁じられています。
・撮影状況や印刷により、作品の色は実物と多少異なる場合があります。ご了承ください。

文化出版局のホームページ　http://books.bunka.ac.jp/